Deutsch

Abschluss-prüfungs-trainer

Realschulabschluss
Bayern

Erarbeitet von
Rainer Karl
Birgit Reindlmeier
Simone Röhrl

 Deine Online-Angebote findest du hier:

1. Melde dich auf scook.de an.
2. Gib den unten stehenden Zugangscode in die Box ein.
3. Hab viel Spaß mit den Online-Angeboten.

Dein Zugangscode auf
www.scook.de

Die Online-Angebote können dort nach Bestätigung der AGB und Lizenzbedingungen genutzt werden.

qrbkd-en4uq

Textquellenverzeichnis:

S. 20: Lexikoneintrag „YouTube". Aus: https://www1.wdr.de/kinder/tv/neuneinhalb/mehrwissen/lexikon/y/lexikon-youtube-100.html [11.11.2017];
S. 21: Fernsehstars zum Anfassen. Aus: http://www.praxis-jugendarbeit.de/jugendarbeits-blog/T92-YouTube-Medien-Beeinflussung.html [11.11.17]; Social Networks werden ... Nach: Heinrich Wiedemann u. Louisa Noack: Mediengeschichte Onlinemedien. In: O. Altendorfer u. L. Hilmer (2016): Medienmanagement. Band 2: Medienpraxis – Mediengeschichte – Medienordnung. Wiesbaden: Springer Fachmedien, S. 226; **S. 23:** Gropp, Martin: Youtube-Phänomen „Y-Titty". Aus: http://www.faz.net/suche/?offset=&cid=&index=&query=Generation+Y+macht+ihr+eigenes+Ding&offset=&allboosted=&boostedresultsize=%24boostedresultsize&from=TT.M.JJJJ&to=24.11.2017&BTyp=redaktionelleInhalte&author=&username=&sort=date&resultsPerPage=20&suchbegriffImage.x=0&suchbegriffImage.y=0 [11.11.17]; Merkels Youtube-Auftritt im Check. Aus: http://www.sueddeutsche.de/politik/bundestagswahl-merkels-youtube-auftritt-im-check-1.3629458 [11.11.17]; **S. 26:** Jeder lernt, wann, wo und mit wem er will. Aus: didacta. Das Magazin für lebenslanges Lernen. Guckst du! Umgedrehter Unterricht mit Erklärvideos. 02/17, S. 12; **S. 27:** Hans, Julian: Youtube, wir müssen reden! Nach: http://www.sueddeutsche.de/medien/russland-youtube-wir-muessen-reden-1.3604496 [11.11.17] ; **S. 28:** Laut den Kommunikationswissenschaftlern ... Nach: http://www.sueddeutsche.de/digital/afd-fans-unter-sich-youtube-schottet-rechte-nutzer-von-anderen-meinungen-ab-1.3702786 [11.11.17] (Hakan Tanriverdi); **S. 29:** Schneider, Martin u. Tanriverdi, Hakan: So viel verdienen Youtube-Stars. Nach: http://www.sueddeutsche.de/digital/videoplattform-so-viel-verdienen-youtube-stars-1.2349565 [11.11.17]; **S. 30, 31:** *Diagramme* Tätigkeiten im Internet – Schwerpunkt: sich informieren + Youtube: Nutzung. Aus: Medienpädagogischer Forschungsverbund Südwest (Hrsg.): JIM-Studie 2015: Jugend, Information, (Multi-)Media. Basisstudie zum Medienumgang 12- bis 19-Jähriger in Deutschland. Stuttgart, 2015, S. 33, 36. www.mpfs.de; **S. 32:** *Diagramm* Marktanteil von Video-Sharing-Plattformen in Deutschland im 1. Halbjahr 2016. Aus: https://de.statista.com/statistik/daten/studie/209329/umfrage/fuehrende-videoportale-in-deutschland-nach-nutzeranteil/ [11.11.17]; **S. 33:** *Diagramm* Wichtigste Online-Communities. Aus: siehe S. 30, 31, ebd., S. 39; **S. 43:** Viering, Kerstin: Verloren in der Antarktis. Aus: Berliner Zeitung, Nr. 262, 10.11.2015, S. 12; **S. 50:** von der Grün, Max: Masken. Aus: Ders.: Fahrtunterbrechung und andere Erzählungen. Frankfurt am Main: Europäische Verlagsanstalt 1965, S. 106; **S. 70** *Diagramm:* Anteil der befragten Smartphone-Nutzer ... Aus: de.statista.com, Veröffentlichungsdatum: Februar 2017; **S. 71:** *Material 2: Polizei-Information:* Aus: http://www.polizei-beratung.de/themen-und-tipps/gefahren-im-internet/smartphone-sicherheit/ (Auszug) [19.01.18]; **S. 71:** *Material 3: Interview mit einer Professorin:* Antje Hildenbrandt: „Das Smartphone bereichert die Gespräche". Aus: https://www.stuttgarter-zeitung.de/inhalt.kommunikation-das-smartphone-bereichert-die-gespraeche.4db93f3b-85a4-4591-b843-3b154f3e2c1f.html (Auszug) [22.01.18]; **S. 72:** *Material 4: Bericht:* Schuldenfalle Smartphone (von bos) Aus:http://www.spiegel.de/wirtschaft/soziales/handy-internet-smartphone-ist-oft-grund-fuer-schulden-junger-menschen-a-978251.html (Auszug) [19.01.18]; **S. 73:** *Material 7: Online-Artikel:* Amnesty International: Smartphones aus Kinderarbeit (von ces/dpa). Aus: http://www.zeit.de/wirtschaft/2016-01/amnesty-international-bericht-smartphones-kinderarbeit-kongo [08.01.18]; *Material 8: Polizei-Information:* Aus: http://www.polizei-beratung.de/themen-und-tipps/gefahren-im-internet/medienkompetenz/smartphonehandy/ (Auszug) [20.01.18]; *Material 9: Gesetzestext:* Aus: Art. 56 Abs. 5 BayEUG; **S. 74:** Imdahl, Ines u. Kron, Caroline: Selbstbewusstsein aus dem Tiegel. Aus: http://www.rheingold-salon.de/grafik/veroeffentlichungen/Jugendstudie_Rheingold_ksta17.2.2006.pdf [26.10.2016]; **S. 76:** Steinhöfel, Andreas: Die Mitte der Welt. Hamburg: Carlsen 1998/2004, S. 32–43 (Auszüge); **S. 79:** Marks, Jürgen: Der sagenhafte, aber gefährliche Aufstieg der Smartphones. Nach: http://www.augsburger-allgemeine.de/digital/Der-sagenhafte-aber-gefaehrliche-Aufstieg-der-Smartphones-id42645541.html [23.01.18]

Bildquellenverzeichnis:

S. 6: Fotolia/New Africa; **S. 9:** Fotolia/Peter Atkins; **S. 11:** Fotolia/rico287; **S. 15:** Fotolia/Peter Hermes Furia; **S. 17:** ClipDealer GmbH; **S. 20:** mauritius Images/AKP Photos/Alamy; **S. 23:** Picture-Alliance/Wolfgang Kumm/dpa; **S. 24:** Picture-Alliance/Henning Kaiser/dpa; **S. 25:** Fotolia/YakobchukOlena; **S. 31:** Fotolia/pictworks; **S. 33:** Fotolia/vladwel; **S. 44:** Berliner Zeitung; Galanty, Isabella; **S. 45:** Interfoto e.k./Mary Evans; **S. 50:** Fotolia/photoagents; **S. 54:** Fotolia/kalafoto; **S. 55:** Fotolia/Sergey Tarasov; **S. 58:** Fotolia/eveleen007; **S. 66:** Fotolia/TIMDAVIDCOLLECTION; **S. 69:** Fotolia/iuricazac; **S. 71:** Fotolia/Antonioguillem; **S. 72:** © Oli Hilbring/Catprint Media GmbH; **S. 73:** Picture-Alliance/Thomas Coombes/amnesty international; **S. 74:** shutterstock/Lucky Business

Redaktion: Karin Unfried
Illustrationen: bildbad, Berlin (S. 76)
Umschlaggestaltung: Rosendahl, Berlin
Layoutkonzept und technische Umsetzung: Klein & Halm Grafikdesign, Berlin

www.cornelsen.de

Die Webseiten Dritter, deren Internetadressen in diesem Lehrwerk angegeben sind, wurden vor Drucklegung sorgfältig geprüft. Der Verlag übernimmt keine Gewähr für die Aktualität und den Inhalt dieser Seiten oder solcher, die mit ihnen verlinkt sind.

1. Auflage, 1. Druck 2018

Alle Drucke dieser Auflage sind inhaltlich unverändert und können im Unterricht nebeneinander verwendet werden.

© 2018 Cornelsen Verlag GmbH, Berlin
Das Werk und seine Teile sind urheberrechtlich geschützt.
Jede Nutzung in anderen als den gesetzlich zugelassenen Fällen bedarf der vorherigen schriftlichen Einwilligung des Verlages.
Hinweis zu §§ 60a, 60b UrhG: Weder das Werk noch seine Teile dürfen ohne eine solche Einwilligung an Schulen oder in Unterrichts- und Lehrmedien (§ 60b Abs. 3 UrhG) vervielfältigt, insbesondere kopiert oder eingescannt, verbreitet oder in ein Netzwerk eingestellt oder sonst öffentlich zugänglich gemacht oder wiedergegeben werden. Dies gilt auch für Intranets von Schulen.

Druck: H. Heenemann, Berlin

978-3-06-206676-4

PEFC zertifiziert
Dieses Produkt stammt aus nachhaltig bewirtschafteten Wäldern und kontrollierten Quellen.
www.pefc.de
PEFC/04-31-1156

Inhaltsverzeichnis

Was erwartet dich in der Prüfung? 4
Wie arbeitest du mit diesem Heft? 5

1. Übungen zur Aufgabengruppe A
Erörterung ohne Informationsmaterial

Das Thema erschließen 6
Stoff sammeln 7
Den Stoff ordnen 8
Die Gliederung erstellen 10
Die Einleitung schreiben 11
Argumentationen ausarbeiten 13
Zusammenhängend argumentieren 15
Passende Beispiele finden 17
Den Schluss verfassen 18

Erörterung mit Informationsmaterial

Den Aufgabentyp kennenlernen 19
Das Thema analysieren 19
Die Materialien sichten und auswerten 20
Informationen strukturieren – eine Gliederung erstellen 34
Die Einleitung schreiben 35
Die Argumentationen für den Hauptteil ausarbeiten 36
Richtig zitieren 38
Den Schluss formulieren 40
Eine Erörterung mit Informationsmaterial verfassen 40

2. Übungen zur Aufgabengruppe B
Der Textgebundene Aufsatz (TGA)

Welche Aufgabenstellung erwartet mich? ... 41
Den Text lesen und markieren 43
Den Inhalt zusammenfassen 45
Eine Einleitung schreiben 47
Die Textsorte bestimmen 48
Das Textäußere (das Layout) beschreiben 53
Die sprachlichen Mittel untersuchen (Sprachanalyse) 55
Autorenintention und Zielgruppe einschätzen 56
Eine Charakterisierung verfassen 58
Der Schluss im TGA 60
Die weiterführende Aufgabe im TGA: Argumentativer Schreibauftrag 60
Die weiterführende Aufgabe im TGA: Kreativer Schreibauftrag 67

3. Prüfungsbeispiele

Prüfungsbeispiel: Erörterung mit Material und Textgebundener Aufsatz (Sachtext) 70
Prüfungsbeispiel: Erörterung ohne Material und Textgebundener Aufsatz (Literarischer Text) ... 76
Prüfungsbeispiel: Erörterung ohne Material und Textgebundener Aufsatz (Sachtext) 79

Was erwartet dich in der Prüfung?

Liebe Schülerin, lieber Schüler,
dieses Heft hilft dir bei der Vorbereitung auf die schriftliche Abschlussprüfung im Fach Deutsch, damit du selbstbewusst und ruhig in die Prüfung gehen kannst.

In der Prüfung musst du eine Aufgabenstellung bearbeiten. Du kannst aus zwei Aufgabengruppen auswählen:

Aufgabengruppe A:	Aufgabengruppe B:
Erörterung ohne Informationsmaterial	Textgebundener Aufsatz (TGA)
Erörterung mit Informationsmaterial	

Aufgabengruppe A: Erörterung
Hier kann dir das Verfassen einer Erörterung ohne Material oder das Verfassen einer Erörterung mit Material als Aufgabe gestellt werden. In beiden Fällen musst du einen zusammenhängenden Text formulieren.

Aufgabengruppe B: Textgebundener Aufsatz
Die Basis dieser Aufgabe ist ein Text, zu dem du verschiedene Teilaufgaben beantworten musst. Auch hier musst du einen zusammenhängenden Text verfassen. Es kann ein Sachtext (journalistischer Text) oder ein literarischer Text vorkommen.
Die Prüfung dauert 240 Minuten, die Einlesezeit ist darin enthalten.
Gehe in der Prüfung in folgenden Schritten vor:

1. alle zur Auswahl stehenden Aufgaben und die dazugehörigen Texte lesen und dann eine Aufgabe auswählen,
2. die ausgewählte Aufgabenstellung nochmal genau lesen und sorgfältig prüfen, was erwartet wird,
3.
    – bei der **Erörterung ohne Material**: Stoff sammeln und eine Gliederung (einen Schreibplan) erstellen
   oder
    – bei der **Erörterung mit Material**: die Materialien genau lesen, Stoff sammeln, eine Gliederung (einen Schreibplan) erstellen
   oder
    – beim **TGA**: den Text genau lesen, markieren und dazu Notizen machen; eine Gliederung (einen Schreibplan) anhand der Teilaufgaben erstellen
4. einen Text mit Einleitung, Hauptteil und Schluss verfassen
    – Hauptteil bei der **Erörterung**: die Argumente mit Überleitungen ausformulieren
    – Hauptteil beim **TGA**: die Antworten zu den Teilaufgaben zusammenhängend ausformulieren
5. den Text überarbeiten (Ausdruck, Rechtschreibung und Grammatik prüfen)

Alle Prüfungsaufgaben entsprechen den Aufgaben, die du im Unterricht in den letzten Jahren geübt hast. Mit diesem Aufgabenheft kannst du sie wiederholen, erproben und üben.

Wie arbeitest du mit diesem Heft?

Wie du auf der vorigen Seite erfahren hast, werden dir in der Prüfung Aufgabenstellungen aus zwei Aufgabengruppen begegnen. Durch gezielte Übungen lernst du mit diesem Heft alle Techniken kennen, die du für die Bearbeitung der unterschiedlichen Aufgabenstellungen brauchst. Darüber hinaus kannst du an konkreten Beispielen die Prüfungssituation trainieren.

Deshalb ist das Heft wie folgt aufgebaut:

Im ersten Kapitel findest du Übungen zur Aufgabengruppe A.

Du wiederholst,
- wie du erfolgreich eine freie Erörterung (Erörterung ohne Informationsmaterial) schreibst,
- wie du eine Erörterung mit Informationsmaterial schreibst.

Im zweiten Kapitel kannst du Aufgaben trainieren, die zur Aufgabengruppe B gehören.

Auf diesen Seiten kannst du üben,
- wie du erfolgreich einen Textgebundenen Aufsatz (TGA) schreibst.

In beiden Kapiteln übst du:
- wie du Abläufe planst,
- wie du Texte (Materialien) auswertest,
- wie du Stoff sammelst,
- wie du eine Gliederung (einen Schreibplan) erstellst,
- wie du deinen Text ausformulierst,
- wie du deinen Text überarbeitest.

Strategien zur Texterschließung **findest du auf der vorderen inneren Umschlagseite**, und die wichtigsten sprachlichen Mittel findest du **auf der hinteren inneren Umschlagseite**.

Im **dritten Kapitel** kannst du dann selbstständig Aufgaben erarbeiten, die an die Prüfungsaufgaben angelehnt sind. Achte dabei unbedingt auf die Zeit. Mit dem beiliegenden Lösungsteil kannst du deine Ergebnisse überprüfen und – wenn nötig – verbessern.

In den einzelnen Kapiteln findest du Hinweis-Kästen, die dir bei der Bearbeitung der Aufgaben helfen:

Info	Tipp
Die Info-Kästen fassen das Wichtigste eines Themas oder einer Aufgabe zusammen.	Die Tipp-Kästen helfen dir bei der Lösung der Aufgabe.

> Zusätzlich kannst du dein Grundwissen mithilfe der Online-Übungen wiederholen und vertiefen. Nutze dazu den Zugangscode auf Seite 1 (www.scook.de). Ebenfalls online findest du die Lösungen zu diesem Heft. Den Zugangscode dazu findest du auch auf Seite 1.

Viel Spaß beim Training mit diesem Heft und viel Erfolg bei der Prüfung!

1. Übungen zur Aufgabengruppe A

Erörterung ohne Informationsmaterial

Du musst in der Prüfung aus verschiedenen Aufgaben eine Aufgabe auswählen, die du dann vollständig bearbeitest. Bei den Aufgabenstellungen zum Erörtern begegnen dir zwei Varianten: einmal mit und einmal ohne Informationsmaterial. Auf den folgenden Seiten übst du die Erörterung ohne Informationsmaterial.

So könnte eine Prüfungsaufgabe aussehen:

> *Nicht nur Mädchen, sondern auch immer mehr männliche Jugendliche legen großen Wert auf „Bodystyling". Welche Gründe könnte dies haben, und welche negativen Auswirkungen könnten damit verbunden sein?*

Bearbeite die folgenden Aufgaben, um die vorliegende Prüfungsaufgabe schrittweise zu lösen.

Das Thema erschließen

1 *Lies die Aufgabenstellung oben noch einmal genau durch und benenne den Themabegriff und Schlüsselwörter. Nutze falls nötig den Infokasten.*

Themabegriff: _____

Schlüsselbegriffe: _____

> **Info**
>
> **Klärung des Themas**
> Der erste Schritt bei der Bearbeitung eines Themas ist die Feststellung und Klärung des **Themabegriffs** (Welches Thema muss überhaupt erörtert werden?) und möglicher **Schlüsselbegriffe** (Wie wird das Thema eingeschränkt?). Des Weiteren musst du entscheiden, ob das Thema **eingliedrig**, **zweigliedrig** oder sogar **dreigliedrig** ist.

2 *Das Thema ist zweigliedrig formuliert.*
  a) *Welche zwei Aspekte müssen erörtert werden?*

  _____

  b) *Wie müsste das Thema formuliert werden, damit es eingliedrig bzw. dreigliedrig wird? Schreibe jeweils einen Beispielsatz.*

  eingliedrig: _____

  dreigliedrig: _____

Stoff sammeln

Wenn dir die Themastellung klar ist, beginnst du mit der Stoffsammlung für deinen Aufsatz. Lies zunächst den Infokasten und bearbeite danach Aufgabe 3.

> **Info**
>
> **Stoffsammlung**
> Zunächst notierst du alle deine Gedanken und Ideen zur Themafrage **stichpunktartig**. Auf die sprachliche Ausgestaltung kommt es hierbei noch nicht an. **W-Fragen** können dir helfen, weitere Ideen zu finden, z. B. *Wo/Wann trainieren die Jugendlichen? Was tun sie alles, um ihren Körper zu stylen?* Auch ein **Cluster** oder eine **Mind-Map** können hierbei hilfreich sein.

3 Übertrage den folgenden Cluster zu den Gründen für „Bodystyling" in dein Heft und ergänze weitere Aspekte. Du kannst jederzeit weitere Verzweigungen hinzufügen.

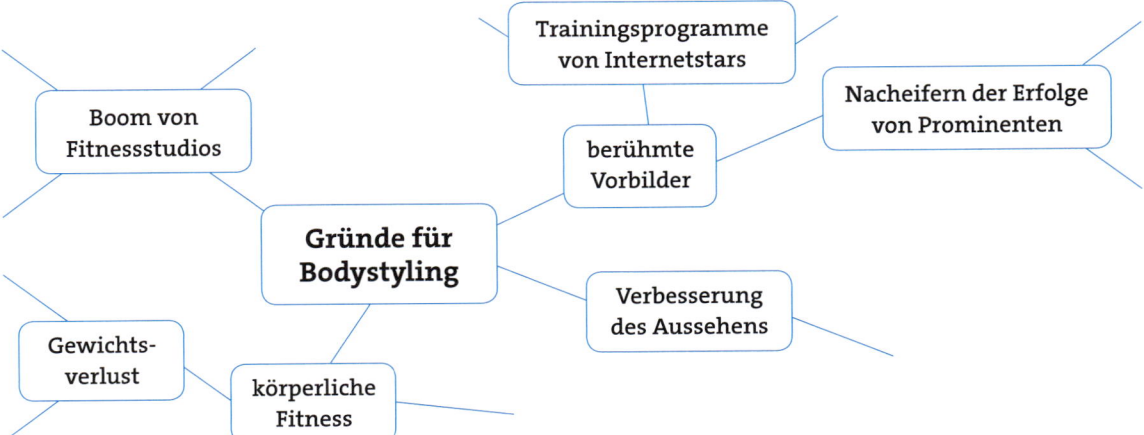

4 Du kannst deine Ideen auch in einer Tabelle sammeln. Ergänze weitere Punkte, vor allem bei den negativen Auswirkungen.

Gründe für Bodystyling	Negative Auswirkungen
1. Boom von Fitnessstudios	1. Abgleiten in Essstörungen
2. Körperliche Fitness	2. Hoher Kostenfaktor
3. Verbesserung des Aussehens	3.
4. Berühmte Vorbilder	4.
5.	5.
6.	6.
7.	7.

> **Prüfungstipp**
>
> Bei **mehrgliedrigen Themen** ist es sinnvoll, bei der Stoffsammlung mit verschiedenen Notizblättern oder einer **Tabelle** zu arbeiten, um die jeweiligen Aspekte bereits hier voneinander abzugrenzen. Dabei ist die **Nummerierung** der **Stichpunkte** empfehlenswert.

1 Erörterung ohne Informationsmaterial

Den Stoff ordnen

Lies zunächst den Infokasten und bearbeite dann Aufgabe 5.

> **Info**
>
> **Ordnen des Stoffes**
> Nach der Stoffsammlung werden die Gedanken inhaltlich geordnet. Folgende Fragen helfen dir dabei:
> - Gehören alle gesammelten Aussagen wirklich zum **Thema** oder müssen Aussagen gestrichen werden?
> - Können die gestrichenen Ideen vielleicht später noch als **Begründungen** oder **Beispiele** verwendet werden oder als Einleitungsgedanke?
> - Welche Aussagen gehören inhaltlich zusammen? Welche **Oberpunkte** lassen sich dafür finden?

5 **a)** Im Folgenden findest du einige Ideen aus einer Stoffsammlung zu den Gründen für „Bodystyling". Lies zunächst die Aussagen.

> Modelcastingshows • Langeweile • gesellschaftliche Anerkennung • persönliche Eitelkeit • lange Öffnungszeiten • Fast-Food-Restaurants • professionelle Anleitung zum Training • Nacheifern der Erfolge von Prominenten • Stärkung des Selbstbewusstseins • örtliche Nähe • Sieg über inneren Schweinehund • Ausübung bestimmter Berufe • falscher Freundeskreis • Anpassung an ästhetische Norm • wachsende Zahl übergewichtiger Kinder • Gruppenzwang

b) Sind unpassende Aussagen dabei? Wenn ja, streiche sie.

c) Ordne die Begriffe aus der Stoffsammlung den passenden Oberbegriffen zu. Notiere auf den folgenden Schreiblinien.

> **Tipp**
>
> Verwende Farben oder Symbole, um Zusammengehöriges in der Stoffsammlung zu kennzeichnen.

Boom von Fitnessstudios:

Körperliche Fitness:

Verbesserung des Aussehens:

Den Stoff ordnen

Berühmte Vorbilder:

___

> **Prüfungstipp**
>
> Überprüfe bei der **Bildung von Ober- und Unterbegriffen**, ob jeder Unterbegriff auch tatsächlich dem jeweiligen Oberbegriff zugeordnet werden kann. Häufig helfen dir dabei auch **Begriffsreihen** wie z.B. *individuelle, familiäre* oder *gesellschaftliche Gründe* oder *psychische, physische* oder *soziale Folgen*.

Um Aussagen aus der Stoffsammlung zu kürzen, solltest du Ober- und Unterpunkte im Nominalstil formulieren. Übe dies in Aufgabe 6.

6 *Formuliere folgende Aussagen im Nominalstil.*

Die Jugendlichen vernachlässigen die Schule und ihre Hobbys.

___

Sie trainieren oft nicht altersgerecht.

___

Sie halten sich an einen strengen Ernährungs- und Trainingsplan.

___

Sie nehmen verbotene Substanzen zu sich.

___

Sie trainieren fast täglich.

___

1 Erörterung ohne Informationsmaterial

Die Gliederung erstellen

Bevor du dich an das Schreiben des Aufsatzes machst, brauchst du eine Gliederung. An dieser Gliederung kannst du dich beim Schreiben orientieren, sie hilft dir in deinem Aufsatz den Faden nicht zu verlieren.

7 a) Lies die folgende Gliederung eines Schülers. Sie ist teilweise falsch formuliert und unvollständig.

A. Etwa 900 000 unter 20-Jährige regelmäßig im Fitnessstudio

B. Gründe für „Bodystyling" - Welche negativen Auswirkungen könnten damit verbunden sein?

    I. Gründe für das „Bodystyling"

      1. Boom von Fitnessstudios

          a) Professionelle Anleitung zum Training

          b) Lange Öffnungszeiten

          c) Örtliche Nähe

      2. Berühmte Vorbilder

          a) Trainingsprogramme von Internetstars

          b) Nacheifern der Erfolge von Prominenten

      3. Körperliche Fitness

          a) Für bestimmte Berufe muss man körperlich fit sein.

          b) Gewichtsverlust

      4. Verbesserung des Aussehens

          a) Stärkung des Selbstbewusstseins

          b) Persönliche Eitelkeit

    II. Negative Auswirkungen

      1. „Bodystyling" kostet sehr viel Geld.

          a) Gebühren für Fitnessstudio

      2. a) Kein altersgerechtes Training

          b) Abgleiten in Essstörungen

          c) Einnahme gesundheitsgefährdender Substanzen

      3. Suchtgefahr

          a) Vernachlässigung von Schule und Hobbys

          b) Eingeschränkte Sozialkontakte

C. Schlussgedanke

Die Einleitung schreiben

b) *Welche Fehler sind beim Formulieren der Gliederungspunkte passiert? Überarbeite die entsprechenden Stellen auf den Schreiblinien.*

Lies den Infokasten und bearbeite dann die folgenden Teilaufgaben c) bis e).

> **Info**
>
> **Gliederung erstellen**
> In der Gliederung werden die Ideen **sinnvoll strukturiert**. Sie stellt das **Inhaltsverzeichnis** der Erörterung dar und dient bei der Ausarbeitung als **Arbeitsplan**. Die Gliederung sollte **einheitlich und möglichst ausgewogen** formuliert sein. Werden Oberpunkte untergliedert, müssen **mindestens zwei Unterpunkte** gefunden werden. Einleitungs- und Schlussgedanken (A bzw. C) musst du jeweils in einem ganzen Satz zusammenfassen. Unter Punkt B werden die verschiedenen Aspekte des genannten Themas in Frageform wiedergegeben. Hier musst du ggf. umformulieren.

c) *Welche Angaben fehlen? Ergänze diese in der Gliederung.*

d) *Welche Punkte könnte man unter dem Oberpunkt „Kundenfreundliche Rahmenbedingungen" zusammenfassen?*

e) *Gliederungspunkte, die nur aus einem Wort bzw. Begriff bestehen, sollten vermieden werden. Finde diese und formuliere sie um.*

Die Einleitung schreiben

Lies zunächst den Infokasten und bearbeite dann Aufgabe 8.

> **Info**
>
> **Einleitung**
> Sie soll das Interesse der Leserinnen und Leser wecken und in die Erörterung einführen. Sie darf keine Bestandteile der Argumentationen aus dem Hauptteil vorwegnehmen! Die Einleitung ist dreiteilig aufgebaut: **Einleitungsgedanke – Überleitung – Themafrage**. Der Einleitungsgedanke kann auf verschiedene Weise zum Thema hinführen, z.B. mit **persönlichen Erfahrungen**, **Fakten** zur jeweiligen Fragestellung, einem **aktuellen Ereignis**, einer **Definition** des Themabegriffs, einem treffenden **Zitat** oder einer **allgemeinen Feststellung**.

8 a) *Notiere, welche Art von Einleitungsgedanke in den folgenden Sätzen jeweils gewählt wurde. Beziehe den Infokasten mit ein.*

Etwa 900 000 unter 20-Jährige gehen regelmäßig ins Fitnessstudio.

1 Erörterung ohne Informationsmaterial

Unter „Bodystyling" versteht man die Durchführung verschiedener Maßnahmen zur bewussten Veränderung des äußeren Erscheinungsbildes eines Menschen.

___

Bereits Winston Churchill hat gesagt, dass man dem Körper Gutes tun muss, damit die Seele Lust hat, darin zu wohnen.

___

b) *Formuliere nun selbst einen Einleitungsgedanken, der auf einer persönlichen Erfahrung basiert.*

___

9 a) *Lies die folgende Einleitung einer Schülerin und untersuche deren Aufbau in den folgenden Aufgaben.*

> Ernährungswissenschaftler schlagen Alarm, denn die Zahl der übergewichtigen und adipösen Kinder im Grundschulalter steigt stetig an. Bewegungsmangel und zunehmende Technisierung werden vielfach als Gründe hierfür genannt. Mittlerweile hat jedoch ein Umdenken stattgefunden und es stellt sich die Frage, warum immer mehr Jugendliche so großen Wert auf „Bodystyling" legen und welche negativen Auswirkungen damit verbunden sein könnten.

b) *Unterstreiche den Einleitungsgedanken und notiere, welche Art der Einleitung gewählt wurde. Vergleiche noch einmal mit der Stoffsammlung (S. 8), bei der du diesen Gedanken möglicherweise erst einmal gestrichen hast.*

___

c) *Wie wurde die Themafrage in der Einleitung der Schülerin formuliert? Unterstreiche die entsprechende Stelle. Formuliere auch die zweite Möglichkeit auf den Schreibzeilen. Beziehe den Infokasten mit ein.*

> **Info**
>
> **Themafrage**
> Du kannst die **Themafrage** auf zweierlei Arten formulieren:
> – Als Fragesatz, der mit einem Doppelpunkt eingeleitet wird, z.B. *Deshalb muss man sich fragen: Was sind die Gründe für dieses Verhalten?*
> – Mit einem Nebensatz, der mit einem Komma beginnt, z.B. *Deshalb muss man sich fragen, was die Gründe für dieses Verhalten sind.*

d) *In der Einleitung der Schülerin fehlt eine Überleitung. Kennzeichne, wo sie in ihrem Text ergänzt werden müsste, und formuliere eine mögliche Überleitung auf den folgenden Schreibzeilen.*

Argumentationen ausarbeiten

Im Hauptteil deiner Erörterung formulierst du Argumentationen aus. Im folgenden Argumentationsrondell siehst du, wie eine Argumentation aufgebaut ist.

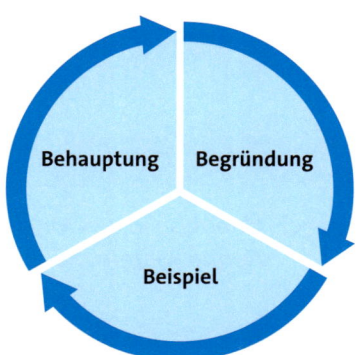

Argumentationsrondell

10 a) Lies die beiden folgenden Musterargumente zum Gliederungspunkt „Berühmte Vorbilder" (S. 10, I.2.) und markiere jeweils die Behauptung, die Begründung und das Beispiel in verschiedenen Farben. Beziehe bei Bedarf die Informationen aus dem Info-Kasten unten mit ein.

1 Ein weiterer Grund für das „Bodystyling" vieler Jugendlicher sind die berühmten Vorbilder, die ihnen tagtäglich mit perfekt durchtrainierten Körpern in den Medien begegnen. So werden im Internet zahlreiche Trainingsprogramme von Prominenten angeboten oder von Personen, die erst durch ihre Fitnessprogramme richtig bekannt geworden sind. Da diese neben einer Vielzahl von Sportübungen auch Tipps für eine gesunde Ernährung und Motivationsbotschaften enthalten, sind sie bei jungen Menschen äußerst beliebt. Durch ihre positive Aufmachung und die leichten Umsetzungsmöglichkeiten direkt zu Hause im Wohnzimmer finden diese Trainingsprogramme immer mehr Anhänger unter den Jugendlichen. Als Beispiel wäre hier die Fitness-Bloggerin Sophia Thiel zu nennen, die im Internet Tipps für ein effektives Training und gesunde Ernährung gibt. Sie gilt für viele Jugendliche als großes Vorbild, da sie sich selbst vom Pummelchen zum Fitness-Model gewandelt hat.

2 Viele Heranwachsende wollen solchen Erfolgen von Prominenten nacheifern. Gerade in den sozialen Netzwerken werden sie nämlich immer wieder mit Fotos oder Filmchen von Stars konfrontiert, die durch hartes Training im Fitnessstudio ihren Körper stählen und sich wohl definierte Muskeln antrainieren. Auch Abnehmerfolge von Prominenten werden in der Öffentlichkeit zelebriert und finden bei Jugendlichen eifrige Nachahmung. Ein passendes Beispiel hierfür wäre der Choreograph Detlef D! Soost, der eine enorme Menge an Gewicht verloren hat und im Zuge dessen ebenfalls ein eigenes Fitnessprogramm auf den Markt brachte.

Info

Argumente formulieren
Ein **vollständiges Argument** besteht aus Behauptung, Begründung und Beispiel.

Die **Behauptung** muss überzeugend begründet werden.

Die **Begründung** stützt die Behauptung. Du kannst dafür z. B. eigene Erfahrungen, Fakten, Gesetze, Expertenmeinungen oder statistische Angaben anführen.

Das **Beispiel** veranschaulicht die Begründung.

Damit eine vollständige **Argumentation** entsteht, musst du zu deinen Argumenten passende Überleitungen formulieren.

Beim Schreiben musst du beachten, dass die jeweiligen Oberpunkte der Gliederung lediglich zu **Überleitungen** ausformuliert werden, während du die Unterpunkte zu vollständigen **Argumenten** ausbaust.

1 Erörterung ohne Informationsmaterial

b) *Vergleiche die Musterargumente in Teilaufgabe a) mit der Gliederung (S. 10) und notiere, welche Punkte zu Behauptungen ausformuliert wurden.*

1 _____

2 _____

c) *Umkreise in den Musterargumenten in Teilaufgabe a) Wörter, die Begründungen einleiten. Nenne weitere Möglichkeiten.*

_____

d) *Formuliere zu den beiden Argumenten in Teilaufgabe a) eine passende Abrundung. Beziehe die Information im Kasten mit ein.*

_____

_____

_____

> **Info**
>
> **Abrundung formulieren**
> Manchmal musst du am Ende einer Argumentation eine Abrundung schreiben. Dies ist dann sinnvoll, wenn ein Oberpunkt mit seinen Unterpunkten abgeschlossen ist. Mögliche Formulierungen sind: *So lässt sich festhalten, dass … / Zusammenfassend lässt sich sagen, dass … / Es ist also so, dass …*

11 a) *Die Bestandteile des Arguments zum Thema „Lange Öffnungszeiten von Fitnessstudios" (Gliederungspunkt I. 1.b), S. 10) sind durcheinandergeraten. Ordne sie durch Nummerierung wieder sinnvoll.*

A ☐ Lange Öffnungszeiten tragen ebenfalls dazu bei, dass man nahezu rund um die Uhr sein Trainingspensum absolvieren kann.

B ☐ Sie nehmen dann einen späteren Bus nach Hause.

C ☐ Denn es gibt mittlerweile in jeder Kleinstadt bereits ein Fitnessstudio.

D ☐ Auch kundenfreundliche Rahmenbedingungen tragen zum Boom von Fitnessstudios bei.

E ☐ Dieses ist meist schnell erreichbar oder kann direkt nach der Schule besucht werden.

F ☐ An unserer Schule gibt es etliche Jugendliche, die gleich nach dem Unterricht ins örtliche Studio gehen, um dort ihr tägliches Workout abzuleisten.

G ☐ Dadurch findet sich immer eine Möglichkeit, das Training in den Alltag zu integrieren.

b) *Schreibe das geordnete Argument auf.*

_____

_____

_____

_____

_____

12 Formuliere den kompletten Gliederungspunkt „Negative Auswirkungen: Bodystyling kostet sehr viel Geld" (Gliederungspunkt II.1., S. 10) in deinem Heft zu einer vollständigen Argumentation aus. Folgende Stichpunkte kannst du dafür nutzen:

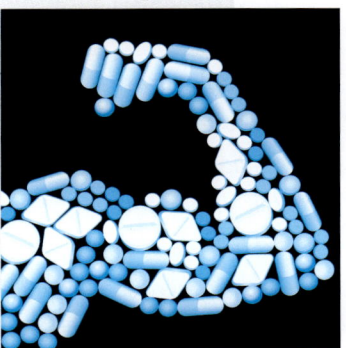

II. Negative Auswirkungen

1. Hohe Kosten für Bodystyling

   a) Gebühren für Fitnessstudio
   - Überleitung mit dem Thema des Oberpunktes: hoher Kostenfaktor
   - Behauptung: Gebühren für Fitnessstudio
   - Begründung: Billigketten mit wenig Zusatzleistungen – Studios mit besserem Standard und Extraleistungen höhere Preise – günstigere Preise oft nur an mehrjährige Verträge gekoppelt – monatliche Kosten für Jugendliche trotz Sonderangeboten kaum finanzierbar – Unterstützung durch Eltern nötig
   - Beispiel: eigene monatliche Kosten ca. 30,- Euro – aufgrund des Zeitaufwands für Training keine Zeit für Nebenjob – Übernahme der Kosten durch Eltern

   b) Kosten für Nahrungsergänzungsmittel
   - Überleitung zum nächsten Unterpunkt (Nahrungsergänzungsmittel)
   - Behauptung: Kosten für Nahrungsergänzungsmittel
   - Begründung: eiweißreiche Ernährung für Muskelaufbau – Lockangebote im Fitnessstudio – Einstieg über Eiweißshakes – Erwerb von Folgeprodukten – spezialisierte Händler – enorme monatliche Kosten
   - Beispiel: bester Freund – fünf verschiedene Eiweißshakes für Abwechslung – zweimal täglich – zusätzliche Riegel
   - Abrundung

Zusammenhängend argumentieren

> **Info**
>
> **Verknüpfend formulieren**
> Damit die einzelnen Gesichtspunkte deiner Argumentationen in deinem Aufsatz nicht zusammenhangslos aufeinanderfolgen, musst du sie durch **Überleitungen** verknüpfen. Nur so kann eine gedanklich in sich geschlossene Darstellung entstehen.

13 a) In der folgenden Argumentation zum Thema „Negative Auswirkungen: Suchtgefahr" (Gliederungspunkt II.3., S. 10) fehlen sämtliche Verknüpfungen. Setze passende Wörter ein. Du kannst dich dabei an den Formulierungshilfen im Infokasten orientieren.

1 Erörterung ohne Informationsmaterial

II. Negative Auswirkungen

3. Suchtgefahr

a) Vernachlässigung von Schule und Hobbys

_____ gesundheitlichen Gefahren kann sich durch übertriebenes „Bodystyling" auch ein Suchtverhalten entwickeln. _____ besteht _____ einmal die Gefahr der Vernachlässigung von Schule und Hobbys. _____ der Jugendliche sehr viel Zeit im Fitnessstudio verbringt, um seinen strengen Trainingsplan einzuhalten, bleibt in der Regel nicht mehr viel Zeit übrig, um sich gründlich auf den nächsten Schultag vorzubereiten oder anderen Freizeitaktivitäten nachzugehen. _____ die Tatsache, dass viele Jugendliche _____ noch joggen, schwimmen oder Rad fahren, was zusätzliche Zeit in Anspruch nimmt. _____ bestimmt das Trainingsprogramm immer mehr den Tagesablauf, _____ der junge Mensch hat das Gefühl ohne tägliches Sportprogramm etwas zu vermissen. Durch das Beispiel meines Cousins lässt sich dies bestätigen, der nahezu täglich nach der Schule ins Fitnessstudio hetzt und dort zwei Stunden lang trainiert. _____ kommt er erst spätnachmittags nach Hause und ist dann meist zu ausgelaugt, um sich noch intensiv mit seinen Hausaufgaben auseinanderzusetzen.

b) Eingeschränkte Sozialkontakte

_____ sollte man nicht vergessen, dass sich durch das permanente Training auch die sozialen Kontakte einschränken. Die Gemeinsamkeiten mit Freunden, die nicht täglich ins Fitnessstudio gehen, werden weniger, _____ sich die eigenen Interessen immer mehr auf neue Trainingspläne und Sportlernahrung beziehen. Diese Themen bestimmen _____ den Alltag und die Sozialkontakte beschränken sich zunehmend auf Personen mit ähnlichen Interessen, wenn nötig auch nur noch in der virtuellen Welt. In den sozialen Netzwerken gibt es _____ einen regen Austausch von Fitnessanhängern über proteinreiche Ernährung und die neuesten Trainingsmethoden, um möglichst schnell Muskeln aufzubauen. Reale Freunde sind _____ nicht unbedingt erforderlich.

> **Info**
>
> **Formulierungshilfen für Überleitungen**
>
> **1. Bindewörter und Konjunktionen:**
> z. B. *zunächst, außerdem, ebenso, ferner, des Weiteren, abgesehen davon, schließlich, obwohl, aber, dabei, dadurch, weil, da, denn, beispielsweise*
>
> **2. sprachliche Wendungen:**
> z. B. *dazu kommt; daneben sollte man nicht vergessen; dies gilt auch; erwähnenswert wäre noch*
>
> **3. Aufgreifen des vorangehenden Gliederungspunktes:**
> z. B. *Neben dem schlechten Einfluss von Freunden zählen auch ... zu den Ursachen von ... / Abgesehen von den hohen Anforderungen in Schule und Beruf spielen auch ... eine große Rolle.*

b) Formuliere auch zu diesen beiden Argumenten eine geeignete Abrundung.

_____

_____

_____

Passende Beispiele finden

Es ist nicht immer leicht, passende Beispiele für die jeweiligen Argumente zu finden. Ein Brainstorming kann dir dabei helfen, konkrete und nachvollziehbare Beispiele zu finden.

Übe dies anhand des Themas „Ehrenamt". Folgendes Erörterungsthema könnte dir in der Prüfung begegnen:

„Immer weniger Jugendliche engagieren sich ehrenamtlich. Welche positiven Auswirkungen auf das eigene Leben könnte ein Ehrenamt mit sich bringen?"

14 a) Beginne mit einem Brainstorming. Wie und wo kann man sich für andere einsetzen? Sammle deine Ideen in einer Mind-Map.

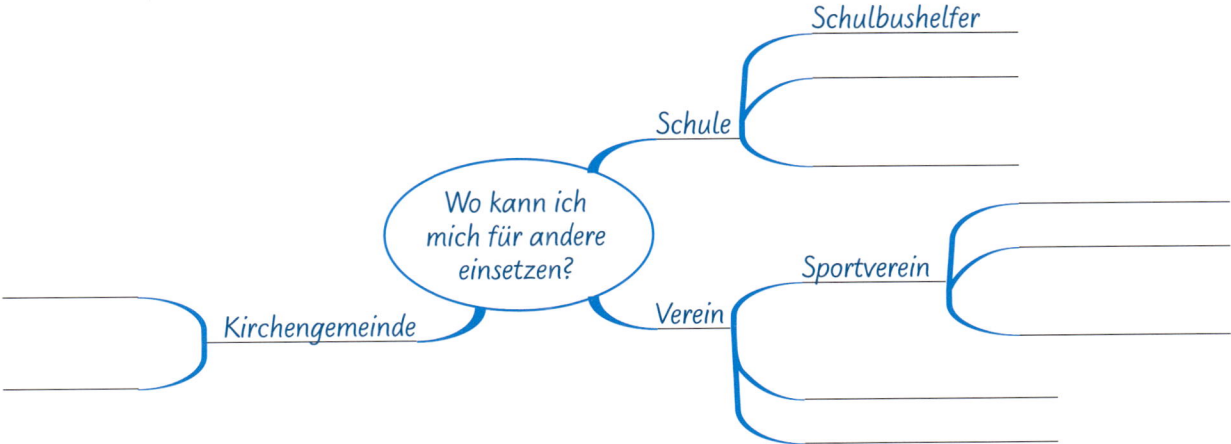

b) Wie sich ein Ehrenamt positiv auf das eigene Leben auswirken kann, zeigt dir das folgende Beispiel. Ergänze weitere Beispiele, die sich auf mögliche Ehrenämter beziehen.

TIPP
Denke an ehrenamtliche Tätigkeiten aller Art. Es geht nicht darum, was **du** wirklich machst, sondern **was man alles** machen kann.

Ich bin bei der Jugendfeuerwehr:
→ ich lerne, anderen zu helfen
→ Anerkennung
→ Vorteil bei Bewerbung

Ich bin ... _____
→ ich _____
→ _____
→ _____

Ich bin ... _____
→ ich _____
→ _____
→ _____

1 Erörterung ohne Informationsmaterial

Den Schluss verfassen

Lies den folgenden Infokasten zum Verfassen eines Schlusses und bearbeite dann Aufgabe 15.

> **Info**
>
> **Schluss formulieren**
> In deinem Schluss kannst du den **Inhalt** der Erörterung **zusammenfassen**, deine **eigene Meinung** zur Thematik wiedergeben, auf die **Entwicklung in der Zukunft** verweisen, **Lösungsmöglichkeiten** für die Situation angeben, **weiterführende Gedanken** bringen, **eigene Erfahrungen** zum Thema formulieren oder einen **Wunschgedanken** äußern. Die verschiedenen Varianten kannst du auch kombinieren. Der Schluss rundet deinen Aufsatz ab, er darf aber keine neuen Argumentationen enthalten.

15 a) Lies den folgenden Schluss und kreuze an, welche Varianten miteinander kombiniert wurden.

> *Aus den genannten Argumenten wird deutlich, dass es für junge Menschen vielerlei Gründe gibt, ihren Körper zu trainieren und zu formen, aber dass sich daraus auch einige negative Auswirkungen ergeben können. Allen Punkten, die zur Verbesserung der Gesundheit und des psychischen Wohlbefindens beitragen, kann uneingeschränkt zugestimmt werden. Wenn sich allerdings aus der ursprünglich gesundheitsfördernden Motivation ein zwanghaftes Verhalten entwickelt, sollte Vorsicht geboten sein. Daher sollten Eltern und Freunde stets genau beobachten, inwiefern das Fitnesstraining des Kindes oder Freundes noch „normal" ist oder bereits den gesamten Alltag bestimmt. Meiner Meinung nach sollte beim Thema „Bodystyling" — wie bei vielen anderen Dingen im Leben auch — das gesunde Mittelmaß beachtet werden. Jugendliche mit den Körpern von Bodybuildern möchte ich in Zukunft nicht sehen.*

- ☐ Zusammenfassung
- ☐ weiterführender Gedanke
- ☐ Wunschgedanke
- ☐ Lösungsmöglichkeit
- ☐ eigene Meinung
- ☐ eigene Erfahrung
- ☐ Entwicklung in der Zukunft

b) Welche Formulierungen wurden dafür jeweils verwendet? Unterstreiche diese im Text.

c) Verfasse einen eigenen Schluss und wähle dafür aus den Varianten im Tippkasten aus. Schreibe in dein Heft.

> **Prüfungstipp**
>
> Folgende Formulierungen können dir helfen, einen geeigneten **Schluss** zu verfassen:
> Zusammenfassend ergibt sich also … / Aufgrund der angeführten Argumente sollte man … / Aus dem Vorhergehenden wird deutlich … / Die von mir erörterten Argumente zeigen … / Ich persönlich bin der Meinung … / Meines Erachtens sollte man … / Man könnte versuchen … / Eine ganz andere Idee wäre … / Vielleicht wäre es sinnvoll …

1 Den Aufgabentyp kennenlernen

Erörterung mit Informationsmaterial

Auf den folgenden Seiten übst du das Schreiben einer Erörterung auf der Basis verschiedener Materialien, in der Prüfung wird sie „Erörterung mit Informationsmaterial" genannt.

Den Aufgabentyp kennenlernen

So könnte eine Prüfungsaufgabe aussehen:

Aufgabenstellung:

Die Medienplattform „Youtube" ist vor allem bei jungen Menschen so beliebt, dass sie für viele aus ihrem Leben nicht mehr wegzudenken ist. Erörtern Sie mögliche Gründe hierfür. Welche negativen Folgen kann der Einfluss von Youtube auf Jugendliche haben?

> Gehen Sie zur Bearbeitung des Themas zunächst das vorliegende Material durch und überlegen Sie sich, welche Informationen Sie für Ihren Aufsatz verwerten möchten. Das Material dient zur *Ergänzung* ihrer eigenen Ideen. **Es muss jedoch deutlich erkennbar sein, dass Teile des Materials in die Bearbeitung mit einbezogen wurden.** Falls Sie Textstellen wörtlich übernehmen bzw. dargestellte Daten oder Aussagen verwenden, müssen Sie dies in Ihrem Aufsatz angeben.

Hier folgen in der Prüfung die Materialien, dies können Texte, Grafiken, Karikaturen und anderes sein. Setze dich zunächst mit der Aufgabenstellung auseinander.

1 *Markiere in folgenden Aussagen, was du beim Schreiben einer Erörterung mit Informationsmaterial beachten musst.*
   A   Das beiliegende Material *muss / kann* verwendet werden.
   B   Zahlen und Fakten *dürfen / dürfen nicht* in die Argumentation eingebaut werden.
   C   Bei der Ausführung *muss ich / muss ich nicht* angeben, auf welches Material ich zurückgegriffen habe.
   D   Direkt übernommene Textstellen *muss ich / muss ich nicht* kenntlich machen.
   E   Übernommene Textstellen *können / können nicht* ein eigenes Argument ersetzen.
   F   Die Materialien *können / können nicht* für die Einleitung und den Schluss verwendet werden.

Das Thema analysieren

2 *Um bei der Auswertung des Materials zielgerichtet vorgehen zu können, solltest du dir zuerst über das Thema klar werden.*

   a) *Lies die komplette Aufgabenstellung oben noch einmal und vervollständige folgende Aussagen:*

Das Thema der Erörterung ist _____.

Bei dem Thema muss ich auf die Einschränkung achten, dass es nur um _____

geht. Aus der Themastellung sind zwei Themafragen abzuleiten. Die Erörterung ist deshalb

_____. Zur ersten Themafrage sollen _____ erörtert

werden, warum Youtube bei jungen Menschen so beliebt ist. Die Erörterung der zweiten Themafrage

soll sich damit auseinandersetzen, _____ der Einfluss auf

die Jugendlichen haben kann.

b) *Welche Fragen beziehen sich auf das gestellte Thema? Kreuze die zutreffenden Fragen an.*

A ☐ Welche Probleme entstehen für Jugendliche durch das Nutzen von Youtube?

B ☐ Warum nutzen viele Jugendliche nicht Youtube?

C ☐ Ist eine Altersbeschränkung für Youtube sinnvoll?

D ☐ Welche Maßnahmen können getroffen werden, damit Youtube keine so zentrale Rolle mehr spielt?

E ☐ Wie kommt es, dass sich viele Menschen ein Leben ohne Youtube nicht mehr vorstellen können?

F ☐ Warum ist Youtube vor allem für Jugendliche gefährlich?

G ☐ Warum nutzen Jugendliche Youtube?

Die Materialien sichten und auswerten

Es folgen nun die Materialien zur Aufgabenstellung (S. 19). Verschaffe dir zunächst einen Überblick über alle Materialien. Lies die Überschriften: Welche Art von Informationen werden durch wen vermittelt? Lies dann die Materialien im Einzelnen genau.
Achtung: In der Prüfung musst du die Texte selbst erschließen! In diesem Heft bekommst du Hilfen durch Aufgaben, die direkt bei den Materialien stehen. Erledige jetzt die Aufgaben zu den Materialien.

Material 1: Lexikoneintrag

Youtube

Youtube ist ein Videoportal im Internet. Die Nutzer können sich dort kostenlos Videos angucken und auch selbst hoch-
5 laden. Die Idee dazu hatten drei Amerikaner im Jahr 2005. Das erste jemals hochgeladene Video auf Youtube zeigt einen der Gründer vor einem Elefantengehege im Zoo. Es ist 18 Se-
10 kunden lang und ziemlich verwackelt. Trotzdem war Youtube damals eine kleine Sensation. Denn zum ersten Mal gab es die Möglichkeit, private Videos unkompliziert mit der Öffentlichkeit zu teilen. Schnell wurde Youtube ein großer Erfolg und es entstanden weitere Videoportale wie MyVideo, Vimeo oder
15 Clipfish. Youtube ist bis heute das bekannteste Videoportal und die drei Amerikaner sind mit ihrer Idee sehr reich geworden; sie verkauften Youtube für mehr als 1,6 Milliarden Dollar an das Unternehmen Google.   Stand: 11.11.2017, 15:49
Quelle: www1.wdr.de/kinder/tv/neuneinhalb/mehrwissen/lexikon/y/lexikon-Youtube-100.html

❶ **a)** *Kreuze die/das passende/-n Kästchen an.*

Das Material ist geeignet für:

☐ Einleitung

☐ Themafrage 1 (Gründe für Beliebtheit)

☐ Themafrage 2 (negative Folgen)

☐ Schluss

☐ ungeeignet

b) *Markiere die Stelle im Material, die du verwenden würdest.*

1 Die Materialien sichten und auswerten

Material 2: Auszug aus einer Fachzeitschrift

Der Einfluss von Youtube-Stars auf Kinder und Jugendliche

Fernsehstars zum Anfassen

Wenn Youtube das neue Fernsehen ist, dann sind die Youtuber die neuen Fernsehstars. Sie unterhalten eigene Youtube-Kanäle, auf denen sie regelmäßig Videos veröffentlichen. Die Youtuber sprechen direkt zu ihrer Fangemeinde, die aus Tausenden, in einigen Fällen sogar
5 Millionen von Abonnenten besteht. An Macharten und Themen ist hier alles zu finden, vom einfachen Videotagebuch (Vlog), das mit der Handykamera aufgenommen wird, bis zur aufwendigen Politiksendung oder Satireshow. Das Besondere: Die Youtuber sind selbst oft Jugendliche oder junge Erwachsene, und sie geben sich ihrer jungen Zielgruppe gegenüber ehrlich und authentisch. Im Gegensatz zu Fernseh- oder Popstars treten sie direkt mit ihnen in Kontakt,
10 sprechen sie an und gehen auf sie ein. Diese Nähe ist es, die Kinder und Jugendliche ihre Youtube-Idole oft als „echte Freunde" oder „große Geschwister" empfinden lässt.
Quelle: www.praxis-jugendarbeit.de/jugendarbeits-blog/T92-Youtube-Medien-Beeinflussung.html

2 a) *Kreuze das/die passende/-n Kästchen an.*

Das Material ist geeignet für:

☐ Themafrage 1   ☐ Themafrage 2

b) *Unterstreiche die Begründung und das Beispiel, das du im Text findest.*

c) *Welche Behauptung könntest du mit diesem Material aufstellen?*

_____
_____
_____
_____

Material 3: Auszug aus einem Fachbuch

Erschließe Material 3 anhand der nachfolgenden Aufgaben.

Social Networks werden bereits von über 80 Prozent der 14- bis 29-Jährigen genutzt, und zwar täglich fast vier Stunden. Es gibt auch Plattformen, die sich nur einem großen (Medien-) Bereich widmen und Nutzer für sich verbuchen können. Sie bieten den Nutzern Raum zur **Selbstverwirklichung** und lassen ihre Inhalte bewusst wiederum mit anderen Social Communities ver-
5 knüpfen. Dazu zählen insbesondere die Musikplattformen „myspace.com", Online-Musikdienste wie „last.fm", „blib" oder „spotify", Photo-Communities wie „flickr.com", „picasa", Video-Plattformen wie „vimeo", **„Youtube"**, „dailymotion", „myvideo" oder „sevenload".
Quelle: Heinrich Wiedemann & Louisa Noack: Mediengeschichte Onlinemedien. In: O. Altendorfer und L. Hilmer (2016): Medienmanagement. Band 2: Medienpraxis – Mediengeschichte – Medienordnung. Wiesbaden: Springer Fachmedien, S. 226.

3 a) *Kreuze an: Das Material ist geeignet für:*

☐ Themafrage 1   ☐ Themafrage 2

b) *Welche Behauptung könntest du mithilfe dieses Materials aufstellen?*

1 Erörterung mit Informationsmaterial

c) Wann wurde dieses Fachbuch geschrieben?

d) Wie heißt der Artikel, in dem diese Aussage steht?

e) Wie heißen die Autoren des Artikels?

Material 4: Chatverlauf

> Hey, hast du schon gesehen, dass Chris jetzt einen eigenen Youtube-Kanal hat?

> OH NEIN! Ernsthaft?

> Wie peinlich!

> Findest du? Er kann doch extrem gut singen und Klavier spielen. Warum darf er das nicht teilen?

> Mmh. Aber muss man deswegen gleich einen Youtube-Kanal eröffnen? Das ist doch unnötig.

> Vielleicht kann er sich aber dadurch selbst verwirklichen und anderen zeigen, wer er wirklich ist.

> Das hast du Recht.

> Und er ist echt kreativ!

> Genau! Ich glaube, er möchte sich einfach anderen mitteilen und darstellen, was ihn bewegt.

> Eventuell hilft er damit ja sogar anderen, die nicht so selbstbewusst sind … Seine Texte sind der Hammer!

> ☺ Also ich abonnier' ihn sicher …

4 a) Findest du im Chatverlauf eine Begründung zu deiner Behauptung von Aufg. 3 (S. 21)? Markiere geeignete Stellen.

b) Formuliere ein eigenes Beispiel aus deiner Erfahrungswelt, das du hier anbringen könntest.

5 Nicht immer sind alle Informationen in den angebotenen Materialien für das Thema geeignet.

a) Kreuze das passende Kästchen an:

Die Angaben in den ersten beiden Antworten (oben rechts) sind nicht geeignet,

☐ weil sie keine persönliche Meinung über Youtube ausdrücken.

☐ weil keine negativen Folgen von Youtube aufgezeigt werden.

☐ weil sie die Ablehnung eines Youtube-Kanals illustrieren.

b) Streiche in M1 bis M3 die Textstellen mit Bleistift durch, die für das Erörterungsthema ungeeignet sind.

Die Materialien sichten und auswerten

Material 5: Schlagzeile

Youtube-PHÄNOMEN „Y-TITTY"
Die Generation Y macht ihr eigenes Ding
VON MARTIN GROPP - AKTUALISIERT AM 22.08.2013 - 16:44

Weil sie im Sommer 2006 nichts Besseres zu tun hatten, drehten zwei Jugendliche aus Franken Sketche, die sie ins Internet stellten. Heute hat Y-Titty auf Youtube mehr als 2 Millionen Zuschauer.

Quelle: http://www.faz.net

6 *Untersuche die Schlagzeile eines Online-Artikels (Material 5). Lies zunächst die Schlagzeile und den Textanfang.*

a) *Warum ist der Inhalt der Schlagzeile als Beispiel zu einem Argument beim Youtube-Thema nicht geeignet?*

b) *Für welchen Bestandteil eines Arguments könntest du die Schlagzeile verwenden? Begründe.*

Material 6: Politik online

16. August 2017, 15:35 Uhr   Bundestagswahl
Merkels Youtube-Auftritt im Check

- Kanzlerin Angela Merkel war an diesem Mittwoch das erste Mal live bei Youtube.
- Vier populäre Videoblogger haben Merkel eine Stunde lang zu Themen wie dem Diesel-Skandal, der Nordkorea-Krise oder Sozialer Gerechtigkeit befragt.
- Hier geht es zum **Interview** auf Youtube.

Von Jakob Schulz, Berlin

Quelle: http://www.sueddeutsche.de/politik/bundestagswahl-merkels-Youtube-auftritt-im-check-1.3629458 [11.11.17]

1 Erörterung mit Informationsmaterial

7 a) Woher stammt der Ausschnitt (Material 6)?

b) Inwiefern könntest du Material 6 für die Themafrage 1 verwenden?

c) Finde zur folgenden Behauptung eine Begründung und ein Beispiel.

Youtube dient Jugendlichen als Informationsquelle zur politischen Bildung.

Begründung:

Beispiel:

Material 7: Ein Post (Soziale Medien)

Post auf Facebook

Der Youtuber Julien Bam hat durch seinen Kanal eine solche Bekanntheit erreicht, dass ihn Hannelore Kraft, die Ministerpräsidentin von Nordrhein-Westfalen, im Februar 2017 zum Mitglied der 16. Bundesversammlung nominiert hat. Damit durfte er den Bundespräsidenten wählen.
In einem **Post auf Facebook** bedankte er sich am Tag der Wahl – dem 12.2.17 – bei ihr für diese Möglichkeit. Millionen konnten das lesen …

8 a) Von welchem Youtuber stammte der angesprochene Post?

b) An welcher Veranstaltung durfte der Youtuber teilnehmen?

Die Materialien sichten und auswerten

c) Mit welchem weiteren Material lässt sich der angesprochene Post gut verknüpfen? Begründe.

_____

_____

d) Kreuze das/die passende/-n Kästchen an:

Das Material ist geeignet für:

☐ eine Behauptung. ☐ ein Beispiel. ☐ nichts, es ist ungeeignet.

☐ eine Begründung. ☐ zur Abrundung.

Material 8: Youtube-Kanal einer Zeitung

Ich lese die Zeitung nur noch im Netz. Die Artikel sind für das Tablet und das Smartphone optimiert und somit sehr lesefreundlich. Mir gefällt die Gestaltung der Seiten und es gibt ein Zusatzangebot an Fotos, Videos und Grafiken!

9 a) Markiere in Material 8 Informationen, die du zur Beantwortung der ersten Themafrage nutzen kannst.

b) Ergänze danach folgenden Lückentext.

Ein weiterer Aspekt, warum Youtube bei vielen jungen Menschen so beliebt ist, scheint, dass sie die

Medienplattform _____ nutzen können.

Viele Zeitungen und Fernsehsender nutzen die Plattform, um _____

_____.

1 Erörterung mit Informationsmaterial

Material 9: Interview mit einem Youtube-Mathelehrer

Jeder lernt, wann, wo und mit wem er will

„Fünf Stunden Mathe in der Woche und das ganze Thema nie verstanden – einmal ein sechsminütiges Video auf Youtube angeschaut, alles verstanden", heißt es in einem Kommentar unter Daniel Jungs Mathevideo. Was macht der Youtube-Lehrer anders? *Interview: Alice Robra, Bearbeitung: Silvia Schumacher*

didacta: Herr Jung, ist Ihnen selbst in der Schule Mathe leichtgefallen?
Daniel Jung: Ich konnte schon immer gut mit Zahlen. Mathe ist mir leichtgefallen. Und jetzt versuche ich, es so verständlich wie möglich zu transportieren.

Ihr Studium haben Sie allerdings abgebrochen ...
Da rede ich ganz offen darüber. Ich habe mein Mathestudium abgebrochen, als ich gemerkt habe, dass es neue Medien wie Youtube gibt, mit denen man lernen kann. Ich habe mir dann erst einmal fast alles selbst beigebracht, mit Videos von amerikanischen Professoren. Heute kann ich sagen, ich habe ein Online-Zertifikat, mit einem einfachen Bewertungsprinzip: Daumen hoch, Daumen runter. 98 Prozent der User bewerten mich mit Daumen hoch.

Was machen Sie anders als „normale" Lehrer?
Ich bringe komplexen Stoff auf ein Tafelbild und presse es in ein Fünf-Minuten-Video. Die Mühe habe ich mir für über 2 000 Clips gemacht. In kurzen Erklärvideos bringe ich – ohne Show – den Stoff auf den Punkt, leicht und verständlich.

Ist das der Grund, warum mehr als 71 Millionen User Ihre Videos schauen?
Jugendliche verlangen vor allem „on demand", das heißt, dass ein Problem sofort gelöst wird. Auf Youtube kannst du ständig draufgehen und dir zu einer speziellen Sache ein Video so oft du willst ansehen, anhalten, zurückspulen. Und die Masse ist eben auf sozialen Netzwerken wie Youtube, Facebook, Snapchat unterwegs, wo immer alles verfügbar ist.

Sieht so die Bildung der Zukunft aus?
Es gibt nicht eine Lösung, sondern es wird viele individuelle Lösungen geben. Ich stelle sie mir so vor, dass ich lerne, wann ich will, wo ich will, was ich will und mit wem ich will. Wir steuern auf ein Zeitalter mit höchster Kreativität zu. Dafür braucht es aber auch einfache Tools, mit denen ich einfach arbeiten kann, nichts Kompliziertes. Wir brauchen natürlich immer noch die bestehenden Vor-Ort-Institute wie Schule und Hochschule. Allerdings nicht mehr, um das Wissen der letzten 250 Jahre zu transferieren.

Quelle: didacta. Das Magazin für lebenslanges Lernen. Guckst du! Umgedrehter Unterricht mit Erklärvideos. 02/17, S. 12

---

10 a) Für welche Themafrage ist das Interview aus Material 9 geeignet? _____

b) Markiere mit drei unterschiedlichen Farben Textstellen im Interview, die du für eine Behauptung, eine Begründung und als Beispiel zur Erörterung des Youtube-Themas nutzen kannst.

c) Kreuze an, welche der folgenden Aussagen zutreffen und welche nicht.

Aussagen	richtig	falsch	Zeile(n)
a) Bis zu 71 Millionen Nutzer sehen sich die Erklärvideos von Daniel Jung an.			
b) Daniel Jung ist selbst Mathematiklehrer.			
c) Der Vorteil von Erklärvideos auf Youtube ist, dass die Inhalte, die man erklärt haben möchte, stets sofort verfügbar sind.			
d) Die Videos von Daniel Jung sind so beliebt, da er den komplexen Stoff ausführlich erklärt.			
e) Laut Daniel Jung wird man in Zukunft auf Schulen und Hochschulen verzichten können.			

d) Verbessere nun die falschen Aussagen aus Aufgabe c) so, dass du sie in ein Argument einbauen könntest. Schreibe in dein Heft.

Obwohl Daniel Jung kein Mathelehrer ist, kann er Kindern die Inhalte des Faches über Youtube so gut erklären, dass sie es viel schneller verstehen als in der Schule. Das müsste doch den „echten" Mathelehrern zu denken geben ...

Material 10: Online-Artikel

Youtube, wir müssen reden!

Einer der bekanntesten Blogger Russlands protestiert gegen die politisch motivierte Sperrung von Videos. Dass sich im Internet eine Gegenöffentlichkeit professionalisiert, macht den Kreml zunehmend nervös. *Von Julian Hans*

Das Video, das der Blogger mit dem Pseudonym Kamikadzedead in der vergangenen Woche auf Youtube veröffentlichte, fiel in jeder Hinsicht aus dem Rahmen. Kamikadzedead heißt mit bürgerlichem Namen Dmitrij Iwanow, ist 30 Jahre alt, und die meisten seiner mehr als eine Million Abonnenten auf der Videoplattform sind nach seiner Aussage Schüler und Jugendliche. Aber die waren ausnahmsweise nicht die Adressaten seines Auftritts, sondern die Gründer der Videoplattform selbst – Youtube, wir müssen reden!

„Sehr geehrter Herr Hurley, sehr geehrter Herr Chen, sehr geehrter Herr Karim", beginnt Iwanow auf Englisch und entschuldigt sich gleich für seinen russischen Akzent. „Youtube in Russland dient Putin", ist sein Vorwurf an die Amerikaner Chad Hurley, Steve Chen und Jawed Karim, die die Plattform 2005 gegründet haben. Allzu eilfertig komme das Russland-Büro des US-Konzerns Anträgen nach, Beiträge zu sperren, klagt Iwanow. Und er meint, ein Muster zu erkennen: Blockiert würden vor allem Beiträge, die den Präsidenten, die Regierung, die Polizei oder Justiz kritisierten. [...]

Die Sperr- und Löschanträge der russischen Behörden sind 2016 um 478 Prozent gestiegen

Blockiert werden stattdessen Beiträge mit viel harmloserem Inhalt. Als Beispiel nennt Iwanow ein Video des Kanals „Sein oder ...", in dem der anonyme Autor darlegt, es sei nicht allein Wladimir Putins Verdienst, dass Russland nach der Krise der 1990-er einen Aufschwung erlebt habe. Zuerst habe Youtube nur das eine Video gesperrt, Minuten später den ganzen Kanal. Vorausgegangen sei der Sperrung eine Flut von Beschwerden, die offenbar von organisierten Trollen und von so genannten Bots ausgingen, also von Programmen, die vortäuschen, echte Nutzer zu sein.

Quelle: http://www.sueddeutsche.de/medien/russland-Youtube-wir-muessen-reden-1.3604496 [11.11.17]

11 a) *Aus welcher Quelle stammt dieser Artikel und wie heißt der Autor?*

Quelle: _____

Autor: _____

b) *Was wird Youtube von Dmitrij Iwanow vorgeworfen? Nenne die entsprechenden Zeilen.*

Erörterung mit Informationsmaterial

12 a) *Eine Schülerin stellt folgende Behauptung auf:*

> „Eine negative Folge von Youtube ist, dass die Medienplattform ein verzerrtes Meinungsbild bei Jugendlichen hervorrufen kann."

Finde Textstellen in Material 10, die diese Behauptung begründen. Markiere sie.

b) *Finde Textstellen in Material 10, die Beispiele für die oben genannte Behauptung liefern. Markiere sie mit einer anderen Farbe.*

Material 11: Expertenaussage

Laut den Kommunikationswissenschaftlern Jonas Kaiser und Adrian Rauchfleisch geben bei Youtube Algorithmen[1] Empfehlungen, die einen abgeschlossenen Mikrokosmos erzeugen. Widersprüchliche Meinungen tauchen darin kaum auf. Die beiden Forscher aus Harvard und Zürich haben analysiert, nach welchen Kriterien Nutzer neue Kanäle vorgeschlagen bekommen, für die sie sich interessieren könnten. Die Empfehlungen orientieren sich an früheren Klicks und den Vorlieben der Nutzer.
So entsteht eine sogenannte Filterblase.

[1]Algorithmus: Programmierelement; steuert Computerprogramme

Quelle: http://www.sueddeutsche.de/digital/afd-fans-unter-sich-Youtube-schottet-rechte-nutzer-von-anderen-meinungen-ab-1.3702786 [11.11.17]

13 a) *Kreuze das passende Kästchen an.*

Das Material ist geeignet für:

☐ Themafrage 1   ☐ Themafrage 2   ☐ ungeeignet

b) *Markiere im Text eine mögliche Behauptung mit entsprechender Begründung für die Erörterung zum Youtube-Thema.*

c) *Viele Nutzer informieren sich bei Youtube über Politik oder surfen auf Seiten, die ihre politische Meinung wiedergeben. Welche negativen Konsequenzen kann die im Text genannte „Filterblase" haben? Überlege dir zwei Beispiele.*

Die Materialien sichten und auswerten

1

Material 12: Online-Artikel

13. Februar 2015, 18:50 Uhr Videoplattform

So viel verdienen Youtube-Stars

- Populäre Youtube-Filmer verdienen mit Werbung hohe Beträge. Laut SZ-Informationen bezahlen die Firmen fünfstellige Summen.
- Die hochbezahlten Youtube-Stars organisieren sich in Netzwerken, die als Vermarktungsagenturen fungieren.
- Nicht immer ist Werbung als solche zu erkennen. Manche Netzwerke sollen ihre Mitglieder sogar dazu auffordern, Schleichwerbung zu betreiben.

Von Martin Schneider und Hakan Tanriverdi

Nilam Farooq sagt, sie habe gute Laune. Dann stellt sie Produkte vor, fast 13 Minuten lang. Sie hält ein Enzympeeling in die Kamera, eine Tagescreme, eine Schönheitsdusche, einen Lippenstift, eine Fitness-
10 DVD und einen Haarentfernungslaser. Das Markenlogo ist jedes Mal gut zu erkennen. Zur Sicherheit nennt Farooq aber auch den vollständigen Produktnamen, den Hersteller. Und natürlich findet sie alle Produkte gut.
Im Netz nennt sich die 25-Jährige „daaruum". Sie ist einer der Top-Youtube-Stars aus Deutschland. Bald wird sie eine Million Abonnenten haben, also Menschen, die regelmäßig ihre Videos gucken, vor allem
15 Mädchen und junge Frauen. In der Beschreibung des Videos – eine Art Kleingedrucktes – sagt Farooq, dass sie mit keiner Firma zusammengearbeitet hat. Sie sagt also, dass sie kein Geld für dieses Video bekommen hat.
Stars wie Farooq sind ein Traum für die Werbewelt. Sie sind so alt wie die Zielgruppe, sprechen deren Sprache und präsentieren Produkte meist in der eigenen Wohnung. Die Aufnahmen vermitteln vor
20 allem zwei Botschaften: Nähe und Glaubwürdigkeit. Dieses Umfeld ist perfekt für Markenwerbung.
Die Videos werden hunderttausendfach geklickt. Die Reichweite ist teilweise größer als die von vielen Fernsehsendungen.

Quelle: http://www.sueddeutsche.de/digital/videoplattform-so-viel-verdienen-Youtube-stars-1.2349565 [11.11.17]

14 a) *Markiere in Material 12 Textstellen, die zeigen, warum Youtube besonders bei jungen Menschen beliebt ist.*

b) *Im Text lassen sich auch negative Aspekte von Youtube finden. Ergänze mithilfe dieser Informationen den folgenden Lückentext.*

Jugendliche lassen sich leicht von Youtube-Stars beeinflussen, da diese _____

_____ wie ihre Zuschauer, deren _____ und häufig in

_____. Dadurch wirken die

jungen Produzenten nahbarer und _____ als Fernsehstars. Dies bietet den

sogenannten Influencern beispielsweise die Möglichkeit, _____ in ihren Videos

unterzubringen, wobei diese laut eines Artikels der Süddeutschen Zeitung nicht immer „_____

_____". Häufig organisieren sich die

bekannten Youtube-Stars in sogenannten _____, „die als Vermarktungsagenturen fungieren" (vgl. Material 12) und die Filmer teilweise dazu anweisen, _____

_____ zu betreiben. So stellt auch eine Youtuberin namens Nilam Farooq in ihren Videos

Produkte vor, die sie _____ .

Material 13: Diagramme

Diagramm I

Befragt wurden 12 bis 19-jährige Jugendliche.

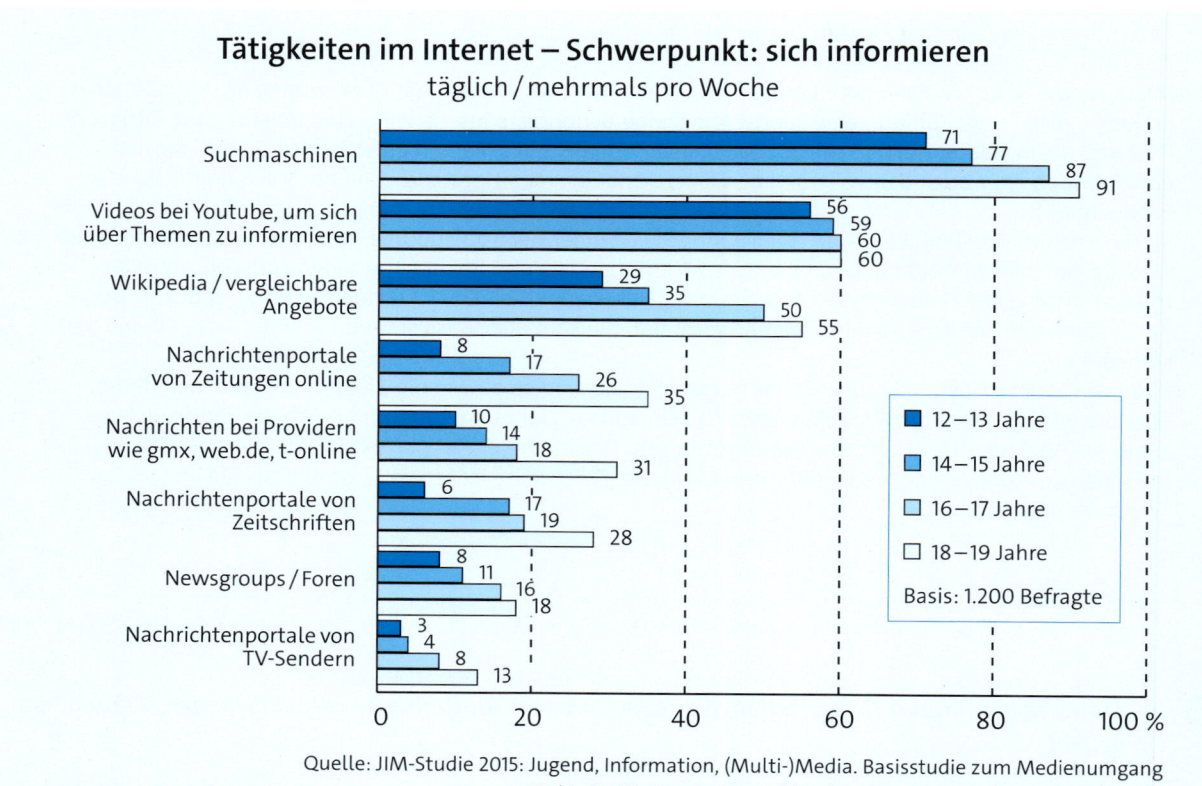

15 a) *Welche Personen haben bei dieser Umfrage mitgemacht?*

b) *Wann und wo wurden diese Ergebnisse veröffentlicht?*

c) *Welche Altersgruppe nutzt Youtube am häufigsten, um sich zu informieren?*

d) *Mit welchen Materialien von den vorhergehenden Seiten kannst du diese Aussage verknüpfen? Nenne die Materialien.*

Abschlussprüfungstrainer

Deutsch

Realschulabschluss
Bayern

Lösungsteil

Erarbeitet von
Rainer Karl,
Birgit Reindlmeier
und Simone Röhrl

Cornelsen

Seite 6

1 Themabegriff: Bodystyling
Schlüsselbegriffe: Mädchen, männliche Jugendliche, Gründe, negative Auswirkungen

2 a) Gründe, negative Auswirkungen
b) <u>eingliedrig:</u> Welche Gründe könnte dies haben ODER: Welche negativen Auswirkungen könnten damit verbunden sein?
<u>dreigliedrig:</u> Welche Gründe könnte dies haben und welche negativen Auswirkungen könnten damit verbunden sein? Wie stehen Sie zum Thema „Bodystyling"?

Seite 7

3 + **4** So könnte deine Lösung aussehen:

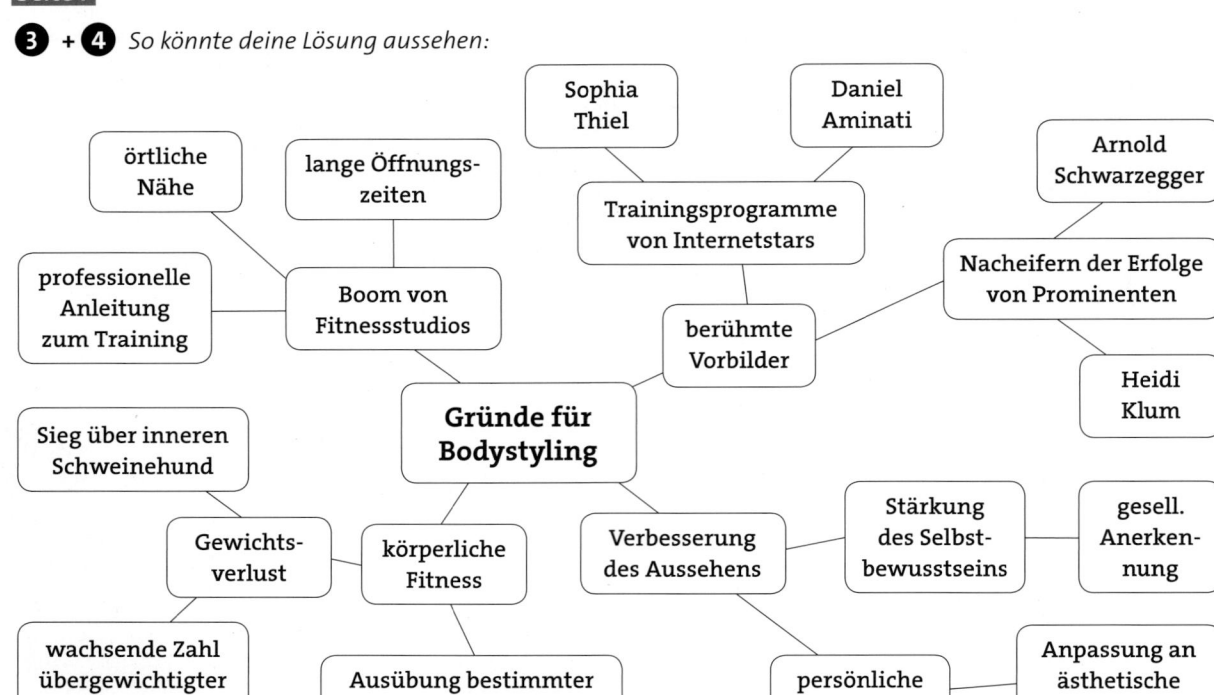

Gründe für Bodystyling	Negative Auswirkungen
1. Boom von Fitnessstudios	1. Abgleiten in Essstörungen
2. Körperliche Fitness	2. Hoher Kostenfaktor
3. Verbesserung des Aussehens	3. Vernachlässigung von Schule und Hobbys
4. Berühmte Vorbilder	4. Hoher Zeitfaktor durch tägliches Training
5. Mangelnde Kreativität/keine Interessen	5. Suchtgefahr → Adoniskomplex
	6. Akribische Einhaltung eines strengen Ernährungs- und Trainingsplans
	7. Einnahme von Nahrungsergänzungsmitteln
	8. Einnahme verbotener Substanzen mit gesundheitsgefährdenden Inhaltsstoffen
	9. Eingeschränkte Sozialkontakte
	10. Kein altersgerechtes Training

Seite 8

5 b) ~~Modelcastingshows~~, ~~Langeweile~~, gesellschaftliche Anerkennung, persönliche Eitelkeit, lange Öffnungszeiten, ~~Fast-Food-Restaurants~~, professionelle Anleitung zum Training, Nacheifern der Erfolge von Prominenten, Stärkung des Selbstbewusstseins, örtliche Nähe, Sieg über inneren Schweinehund, Ausübung bestimmter Berufe, ~~falscher Freundeskreis~~, Anpassung an ästhetische Norm, ~~wachsende Zahl übergewichtiger Kinder~~, ~~Gruppenzwang~~

c) Boom von Fitnessstudios: Lange Öffnungszeiten, professionelle Anleitung zum Training, örtliche Nähe

Körperliche Fitness: Sieg über inneren Schweinehund, Ausübung bestimmter Berufe

Verbesserung des Aussehens: gesellschaftliche Anerkennung, persönliche Eitelkeit, Stärkung des Selbstbewusstseins, Anpassung an ästhetische Norm

Berühmte Vorbilder: Nacheifern der Erfolge von Prominenten

Seite 9

6 Vernachlässigung von Schule und Hobbys, kein altersgemäßes Training, Einhaltung eines strengen Ernährungs- und Trainingsplans, Einnahme verbotener Substanzen, tägliches Training

Seite 11

7 b) Der Einleitungsgedanke ist kein vollständiger Satz. Bei B. sind die Gründe nicht als Frage formuliert (z.B. *Welche Gründe gibt es für das „Bodystyling"?*). Die Punkte I.3. a) und II.1. sind nicht im Nominalstil verfasst.

c) Bei Punkt II.1. fehlt ein zweiter Gliederungspunkt *(b) Kosten für Nahrungsergänzungsmittel)*, bei Punkt II. 2. fehlt der Oberpunkt *(2. Gesundheitliche Gefahren)*, der Schlussgedanke wird inhaltlich nicht ausgeführt (z.B. *Jeder sollte sich körperlich betätigen, allerdings dabei immer das richtige Maß beachten)*.

d) Punkte I.1.b) und c): lange Öffnungszeiten und örtliche Nähe

e) *So könnte deine Lösung lauten:*
 I.3. b) Gewichtsverlust: Reduzierung des eigenen Körpergewichts
 II.3. Suchtgefahr: Entwicklung eines Suchtverhaltens

8 a) Etwa 900 000 unter 20-Jährige gehen regelmäßig ins Fitnessstudio.
Fakten zur Fragestellung

Unter „Bodystyling" versteht man die Durchführung verschiedener Maßnahmen zur bewussten Veränderung des äußeren Erscheinungsbildes eines Menschen.
Definition des Themabegriffs

Bereits Winston Churchill hat gesagt, dass man dem Körper Gutes tun muss, damit die Seele Lust hat, darin zu wohnen.
treffendes Zitat

Seite 12

8 b) *So könnte deine Lösung lauten:*
Ich selbst gehe regelmäßig in ein Fitnessstudio und habe seit einem halben Jahr meine Ernährung umgestellt.

9 b) Ernährungswissenschaftler schlagen Alarm, denn die Zahl der übergewichtigen und adipösen Kinder im Grundschulalter steigt stetig an. Bewegungsmangel und zunehmende Technisierung werden vielfach als Gründe hierfür genannt. Mittlerweile hat jedoch ein Umdenken stattgefunden und es stellt sich die Frage, warum immer mehr Jugendliche so großen Wert auf „Bodystyling" legen und welche negativen Auswirkungen damit verbunden sein könnten.
Art der Einleitung: Allgemeine Feststellung

c) Ernährungswissenschaftler schlagen Alarm, denn die Zahl der übergewichtigen und adipösen Kinder im Grundschulalter steigt stetig an. Bewegungsmangel und zunehmende Technisierung werden vielfach als Gründe hierfür genannt. Mittlerweile hat jedoch ein Umdenken stattgefunden und es stellt sich die Frage, <u>warum immer mehr Jugendliche so großen Wert auf „Bodystyling" legen und welche negativen Auswirkungen damit verbunden sein könnten.</u>
Die Themafrage wird mit einem Nebensatz eingeleitet.

Zweite Möglichkeit:
Deshalb stellt sich die Frage: Warum legen so viele Jugendliche Wert auf „Bodystyling" und welche negativen Auswirkungen sind damit verbunden?

d) Ernährungswissenschaftler schlagen Alarm, denn die Zahl der übergewichtigen und adipösen Kinder im Grundschulalter steigt stetig an. Bewegungsmangel und zunehmende Technisierung werden vielfach als Gründe hierfür

genannt. //* Mittlerweile hat jedoch ein Umdenken stattgefunden und es stellt sich die Frage, warum immer mehr Jugendliche so großen Wert auf „Bodystyling" legen und welche negativen Auswirkungen damit verbunden sein könnten.
So könnte deine Lösung lauten:
//* Aber nicht nur Grundschulkinder verbringen bereits zu viel Zeit vor Konsolen und PCs, auch im Jugendalter sitzen viele Heranwachsende zu lange vor den Bildschirmen und vernachlässigen ihre Figur.

Seite 13

10 a) Behauptung: unterstrichen,
Begründung: *kursiv*
Beispiel: **fett**

1 Ein weiterer Grund für das „Bodystyling" vieler Jugendlicher sind die berühmten Vorbilder, die ihnen tagtäglich mit perfekt durchtrainierten Körpern in den Medien begegnen. <u>So werden im Internet zahlreiche Trainingsprogramme von Prominenten angeboten oder von Personen, die erst durch ihre Fitnessprogramme richtig bekannt geworden sind.</u> *Da diese neben einer Vielzahl von Sportübungen auch Tipps für eine gesunde Ernährung und Motivationsbotschaften enthalten, sind sie bei jungen Menschen äußerst beliebt. Durch ihre positive Aufmachung und die leichten Umsetzungsmöglichkeiten direkt zu Hause im Wohnzimmer finden diese Trainingsprogramme immer mehr Anhänger unter den Jugendlichen.* **Als Beispiel wäre hier die Fitness-Bloggerin Sophia Thiel zu nennen, die im Internet Tipps für ein effektives Training und gesunde Ernährung gibt. Sie gilt für viele Jugendliche als großes Vorbild, da sie sich selbst vom Pummelchen zum Fitnessmodel gewandelt hat.**

2 <u>Viele Heranwachsende wollen solchen Erfolgen von Prominenten nacheifern.</u> *Gerade in den sozialen Netzwerken werden sie nämlich immer wieder mit Fotos oder Filmchen von Stars konfrontiert, die durch hartes Training im Fitnessstudio ihren Körper stählen und sich wohl definierte Muskeln antrainieren. Auch Abnehmerfolge von Prominenten werden in der Öffentlichkeit zelebriert und finden in Jugendlichen eifrige Nachahmer.* **Ein passendes Beispiel hierfür wäre der Choreograf Detlef D! Soost, der eine enorme Menge an Gewicht verloren hat und im Zuge dessen ebenfalls ein eigenes Fitnessprogramm auf den Markt gebracht hat.**

Seite 14

10 b) 1. Trainingsprogramme von Internetstars
2. Nacheifern der Erfolge von Prominenten

c) Beispiele aus den Argumenten: *da, nämlich*
weitere mögliche Beispiele: *weil, das ist der Grund, warum ..., deshalb, darum, denn*

d) Zusammenfassend lässt sich also sagen, dass berühmte Vorbilder ein Grund sein können, warum Jugendliche so großen Wert auf „Bodystyling" legen.

11 a) A 4, B 7, C 2, D 1, E 3, F 6, G 5

b) Auch kundenfreundliche Rahmenbedingungen tragen zum Boom von Fitnessstudios bei. Denn es gibt mittlerweile in jeder Kleinstadt bereits ein Fitnessstudio. Dieses ist meist schnell erreichbar oder kann direkt nach der Schule besucht werden. Lange Öffnungszeiten tragen ebenfalls dazu bei, dass man nahezu rund um die Uhr sein Trainingspensum absolvieren kann. Dadurch findet sich immer eine Möglichkeit, das Training in den Alltag zu integrieren. An unserer Schule gibt es etliche Jugendliche, die gleich nach dem Unterricht ins örtliche Studio gehen, um dort ihr tägliches Workout abzuleisten. Sie nehmen dann einen späteren Bus nach Hause.

Seite 15

12 *So könnte deine Lösung aussehen:*
Neben den zahlreichen Gründen, die es für das „Bodystyling" gibt, können aber auch etliche negative Auswirkungen damit verbunden sein. Das regelmäßige Training und die Umstellung der Ernährung können sehr viel Geld kosten. Insbesondere die Gebühren für das Fitnessstudio schlagen kräftig zu Buche. Da Fitnessstudios von Billiganbietern wenig Zusatzleistungen bieten, sucht man sich eher ein Studio mit besserem Standard und Extraleistungen, was aber wiederum höhere Preise mit sich bringt. Zudem sind günstigere Preise oft an mehrjährige Verträge gekoppelt, was in der Summe auch wieder höhere Kosten verursacht. Für Jugendliche sind diese monatlichen Kosten trotz Sonderangeboten in der Regel nicht finanzierbar und sie sind auf die Unterstützung ihrer Eltern angewiesen. Der Beitrag für mein Fitnessstudio kostet zum Beispiel 30,– Euro im Monat. Da ich aber aufgrund des hohen Zeitaufwands für mein Training keine Zeit für einen Nebenjob habe, übernehmen meine Eltern die Kosten.

Aber auch die diversen Nahrungsergänzungsmittel verursachen hohe Kosten. Für einen schnellen Muskelaufbau ist nämlich eine eiweißreiche Ernährung nötig. Zunächst gönnt man sich nach dem Training einen Eiweißshake, später folgen dann weitere Produkte, für die zahlreiche Fitnessstudios mit günstigen Einsteigerpreisen werben. Zusätzlich kann man sich bei spezialisierten Händlern aus einer riesigen Produktpalette seinen ganz eigenen proteinreichen Ernährungsplan zusammenstellen, was aber enorme monatliche Kosten nach sich zieht, da die Produkte nicht gerade billig sind. Mein bester Freund beispielsweise hat fünf verschiedene Eiweißpulver zu Hause, um Abwechslung zu haben. Davon trinkt er täglich zwei Shakes, wodurch der tägliche Verbrauch an Pulver relativ hoch ist. Zusätzlich kauft er sich noch Eiweißriegel für zwischendurch. So kann man sich ausrechnen, dass bei ihm monatlich einige Kosten für seine Nahrungsergänzungsmittel anfallen.

Man kann also feststellen, dass „Bodystyling" hohe Kosten verursachen kann, da man die Gebühren für das Fitnessstudio und die Kosten für bestimmte Lebensmittel finanzieren muss.

13 **a)** *So könnte deine Lösung aussehen:*
a) <u>Abgesehen von</u> gesundheitlichen Gefahren kann sich durch übertriebenes „Bodystyling" auch ein Suchtverhalten entwickeln. <u>Dabei</u> besteht <u>zunächst</u> einmal die Gefahr der Vernachlässigung von Schule und Hobbys. Da der Jugendliche sehr viel Zeit (…) <u>Hinzu kommt</u> die Tatsache, dass viele Jugendliche <u>des Weiteren</u> noch joggen, schwimmen oder Rad fahren (…) <u>So</u> bestimmt das Trainingsprogramm immer mehr den Tagesablauf, <u>denn</u> der junge Mensch hat das Gefühl, ohne tägliches Sportprogramm etwas zu vermissen. (…) <u>Dadurch</u> kommt er erst spätnachmittags nach Hause und ist dann meist zu ausgelaugt, um (…)

b) <u>Daneben</u> sollte man nicht vergessen, dass (…) Die Gemeinsamkeiten mit Freunden, die nicht täglich ins Fitnessstudio gehen, werden weniger, <u>da</u> sich die eigenen Interessen immer mehr auf neue Trainingspläne und Sportlernahrung beziehen. Diese Themen bestimmen <u>schließlich</u> den Alltag und (…) In den sozialen Netzwerken gibt es <u>beispielsweise</u> einen regen Austausch von Fitnessanhängern (…) Reale Freunde sind <u>dazu</u> nicht unbedingt erforderlich.

Seite 16

13 **b)** *So könnte deine Lösung aussehen:*
So lässt sich festhalten, dass extremes „Bodystyling" auch in ein Suchtverhalten münden kann, wenn man es übertreibt und Schule und soziale Kontakte vernachlässigt.

Seite 17

14 *Individuelle Lösungen*

Seite 18

15 **a)** <u>Zusammenfassung</u>, *eigene Meinung*, **Wunschgedanke**

b) <u>Aus den genannten Argumenten wird deutlich, dass es für junge Menschen vielerlei Gründe gibt, ihren Körper zu trainieren und zu formen, aber sich daraus auch einige negative Auswirkungen ergeben können. Allen Punkten, die zur Verbesserung der Gesundheit und des psychischen Wohlbefindens beitragen, kann uneingeschränkt zugestimmt werden. Wenn sich allerdings aus der ursprünglich gesundheitsfördernden Motivation ein zwanghaftes Verhalten entwickelt, sollte Vorsicht geboten sein. Daher sollten Eltern und Freunde stets genau beobachten, inwiefern das Fitnesstraining des Kindes oder Freundes noch normal ist oder bereits den gesamten Alltag bestimmt.</u> *Meiner Meinung nach sollte beim Thema „Bodystyling" – wie bei vielen anderen Dingen im Leben auch – das gesunde Mittelmaß beachtet werden.* **Jugendliche mit den Körpern von Bodybuildern möchte ich in Zukunft nicht sehen.**

c) *Individuelle Lösungen*

Seite 19

1 A Das beiliegende Material *muss* / ~~kann~~ verwendet werden.
B Zahlen und Fakten *dürfen* / ~~dürfen nicht~~ in die Argumentation eingebaut werden.
C Bei der Ausführung *muss ich* / ~~muss ich nicht~~ angeben, auf welches Material ich zurückgegriffen habe.
D Direkt übernommene Textstellen *muss ich* / ~~muss ich nicht~~ kenntlich machen.
E Übernommene Textstellen ~~können~~ / *können nicht* ein eigenes Argument ersetzen.
F Die Materialien *können* / ~~können nicht~~ für die Einleitung und den Schluss verwendet werden.

2 a) Das Thema der Erörterung ist **die Beliebtheit von Youtube**.
Bei dem Thema muss ich auf die Einschränkung achten, dass es nur um **Jugendliche** geht. Aus der Themastellung sind zwei Themafragen abzuleiten. Die Erörterung ist deshalb **zweigliedrig**. Zur ersten Themafrage sollen **Gründe** erörtert werden, warum Youtube bei jungen Menschen so beliebt ist. Die Erörterung der zweiten Themafrage soll sich damit auseinandersetzen, **welche negativen Folgen** der Einfluss auf die Jugendlichen haben kann.

Seite 20

b) richtig: **A, E**

1 a) richtig: **Einleitung, Themafrage 1**
b) *So könnte deine Lösung aussehen:*
Für die **Einleitung**:
Youtube ist ein Videoportal im Internet. Die Nutzer können sich dort kostenlos Videos angucken und auch selbst hochladen. Die Idee dazu hatten drei Amerikaner im Jahr 2005.
Für die **Themafrage 1**:
Denn zum ersten Mal gab es die Möglichkeit, private Videos unkompliziert mit der Öffentlichkeit zu teilen.

Seite 21

2 a) richtig: **Themafrage 1**
b) Begründung: Die Youtuber sind selbst oft Jugendliche oder junge Erwachsene, und sie geben sich ihrer jungen Zielgruppe gegenüber ehrlich und authentisch. Im Gegensatz zu Fernseh- oder Popstars treten sie direkt mit ihnen in Kontakt, sprechen sie an und gehen auf sie ein.

Beispiel: An Macharten und Themen ist hier alles zu finden, vom einfachen Videotagebuch (Vlog), das mit der Handykamera aufgenommen wird, bis zur aufwendigen Politiksendung oder Satireshow.

c) Youtube-Stars stellen nahbare Vorbilder für Jugendliche dar.

3 a) richtig: **Themafrage 1**
b) Youtube kann Jugendlichen als Mittel zur Selbstverwirklichung dienen, indem sie selbstgedrehte Videos auf der Plattform veröffentlichen.

Seite 22

c) 2016
d) Mediengeschichte Onlinemedien
e) Heinrich Wiedemann, Louisa Noack

4 a) Begründung:
[…] anderen zeigen, wer er wirklich ist.
[…] er möchte sich einfach anderen mitteilen und darstellen, was ihn bewegt.

b) *Individuelle Lösungen*

5 a) richtig: …, weil keine negativen Folgen von Youtube aufgezeigt werden.
b) *Es kann alles durchgestrichen werden, was bisher nicht markiert wurde.*

Seite 23

6 a) Die Schlagzeile / Der Textanfang kann nicht für das vorherige Argument „Selbstverwirklichung" dienen, da in der Meldung steht, dass die Jugendlichen von Y-Titty einfach nur „nichts Besseres zu tun hatten".
b) Die Headline (Schlagzeile) kann für eine neue Behauptung genutzt werden: Jugendliche grenzen sich durch die Verwendung von Youtube von Erwachsenen ab. (*Vorsicht: Ein häufiger Fehler bei der Argumentation besteht darin, dass das Beispiel die Behauptung nicht unterstützt, sondern bereits eine neue These aufwirft.*)

Seite 24

7 a) Aus der Online-Ausgabe der Süddeutschen Zeitung.
b) Jugendliche können Youtube als Informationsquelle für politische Bildung nutzen, was wiederum die Beliebtheit der Plattform erklärt.
c) *So könnte deine Lösung aussehen:*
Begründung:
So gibt es einige Videoblogger, die ihrem Publikum politische und gesellschaftliche Phänomene auf einfache Art und Weise erklären oder auch die Fragen ihrer Abonnenten beantworten und somit ihre Inhalte optimal auf die junge Zielgruppe abstimmen können. Für Jugendliche ist Politik häufig ein schwer zugängliches Thema, da man einiges an Vorwissen benötigt, um das aktuelle Tagesgeschehen nachvollziehen zu können. Aber politische Inhalte werden in der Schule meistens erst in höheren Jahrgangsstufen vermittelt. Möchten die Heranwachsenden nun Informationen zu einem bestimmten politischen Sachverhalt erhalten, der aktuell in den Medien diskutiert wird, werden sie auf der Videoplattform fündig.
Beispiel:
So ist beispielsweise die Bundeskanzlerin Angela Merkel vor der letzten Bundestagswahl im August 2017 von vier bekannten Youtubern das erste Mal live befragt worden. Themen wie der Diesel-Skandal, die Nord-

korea-Krise und Soziale Gerechtigkeit stellen Inhalte des einstündigen Interviews dar (vgl. Material 6).

8 a) Julien Bam
b) an der 16. Bundesversammlung

Seite 25

c) mit Material 2: Julien Bam könnte für Jugendliche als Vorbild dienen, sich auch mehr mit Politik zu befassen.
d) richtig: Beispiel, Abrundung

9 a) [...] es gibt ein Zusatzangebot an Fotos, Videos und Grafiken!
b) *So könnte deine Lösung aussehen:*
Ein weiterer Aspekt, warum sich Youtube bei vielen jungen Menschen als so beliebt erweist, ist, dass sie die Medienplattform **als Informationsquelle und digitale Zeitung** nutzen können. Viele Zeitungen und Fernsehsender nutzen die Plattform, um **ihre Beiträge durch Videos zu ergänzen**.

Seite 26

10 a) **Themafrage 1**
b) **Behauptung:** [...], dass es neue Medien wie Youtube gibt, mit denen man lernen kann.
Begründung: [...], das heißt, dass ein Problem sofort gelöst wird. Auf Youtube kannst du ständig draufgehen und dir zu einer speziellen Sache ein Video so oft du willst ansehen, anhalten, zurückspulen.
Beispiel: Ich bringe komplexen Stoff auf ein Tafelbild und presse es in ein Fünf-Minuten-Video. [...] In kurzen Erklärvideos bringe ich – ohne Show – den Stoff auf den Punkt, leicht und verständlich.
c) richtig: c (Z. 25–28)
falsch: a (Z. 22–23), b (Z. 6), d (Z. 17–18), e (Z. 38–39)
d)
  a) Mehr als 71 Millionen Nutzer sehen sich die Erklärvideos von Daniel Jung an.
  b) Daniel Jung ist ein sogenannter Youtube-Lehrer; er selbst hat sein Mathematik-Studium abgebrochen.
  d) Seine Videos sind so beliebt, da er den komplexen Stoff kurz, leicht und verständlich erklärt.
  e) Auch in Zukunft wird man Schulen und Hochschulen brauchen.

Seite 27

11 a) Quelle: Die Online-Ausgabe der Süddeutschen Zeitung.
Autor: Julian Hans
b) Nach seiner Aussage dient die Firma Youtube in Russland der Staatsführung (Z. 11). Sehr schnell komme das Russland-Büro des US-Konzerns Anträgen nach, Beiträge zu sperren. Blockiert würden vor allem Beiträge, die den Präsidenten, die Regierung, die Polizei oder Justiz kritisierten (Z. 13–15).

Seite 28

12 a) [...] politisch motivierte Sperrung von Videos [...] (Z. 1–2)
b) Blockiert würden vor allem Beiträge, die den Präsidenten, die Regierung, die Polizei oder Justiz kritisierten. [...] Die Sperr- und Löschanträge der russischen Behörden sind 2016 um 478 Prozent gestiegen. [...] Als Beispiel nennt Iwanow ein Video des Kanals „Sein oder ...", in dem der anonyme Autor darlegt, es sei nicht allein Wladimir Putins Verdienst, dass Russland nach der Krise der 1990-er einen Aufschwung erlebt habe. Zuerst habe Youtube nur das eine Video gesperrt, Minuten später den ganzen Kanal. (Z. 14–20)

13 a) **Themafrage 1, Themafrage 2**
b) **Behauptung:** Widersprüchliche Meinungen tauchen darin kaum auf. [...] So entsteht eine sogenannte Filterblase.
Begründung: [...] geben bei Youtube Algorithmen Empfehlungen, die einen abgeschlossenen Mikrokosmos erzeugen. [...] Die Empfehlungen orientieren sich an früheren Klicks und den Vorlieben der Nutzer.

c) Extremistische Parteianhänger erhalten fast ausschließlich Kanalempfehlungen, die ihr Weltbild bestätigen, und werden somit in ihren Überzeugungen bestärkt. Durch die „Filterblase" kommt man kaum in Kontakt mit anderen Meinungen und kann sich somit nicht objektiv politisch bilden.
und *Individuelle Lösungen*

Seite 29

14 a) [...] Sie sind so alt wie die Zielgruppe, sprechen deren Sprache und präsentieren Produkte meist in der eigenen Wohnung. Die Aufnahmen vermitteln vor allem zwei Botschaften: Nähe und Glaubwürdigkeit. [...] (Z. 18–20)
b) Jugendliche lassen sich leicht von Youtube-Stars beeinflussen, da diese **genauso alt sind** wie ihre Zuschauer, deren **Sprache sprechen**

und häufig in **ihren eigenen Wohnungen** filmen. Dadurch wirken die jungen Produzenten nahbarer und **glaubwürdiger** als Fernsehstars. Dies bietet den sogenannten Influencern beispielsweise die Möglichkeit, **Markenwerbung** in ihren Videos unterzubringen, wobei diese laut eines Artikels der Süddeutschen Zeitung nicht immer „**als solche zu erkennen ist**". Häufig organisieren sich die bekannten Youtube-Stars in sogenannten **Netzwerken**, „die als Vermarktungsagenturen fungieren" (vgl. Material 12, Z. 3–4) und die Filmer teilweise dazu anweisen, **Schleichwerbung** zu betreiben. So stellt auch eine Youtuberin namens Nilam Farooq in ihren Videos Produkte vor, **die sie gut findet. Dadurch regt sie sicher einige zum Kauf der Produkte an.**

Seite 30

15 a) Jugendliche im Alter zwischen 12 und 19 Jahren
b) in Stuttgart, 2015
c) 16–17-Jährige und 18–19-Jährige
d) Materialien 6 und 8

Seite 31

16 a) Deutlich mehr Jungs als Mädchen geben an, Youtube für folgende Aktivitäten zu nutzen: Lustige Clips, Let's-play-Videos, Sportvideos, Action-Cam-Videos.
Relativ ausgeglichen sind die Antworten bei folgenden Kategorien: Musikvideos, Tutorials, Fernsehinhalte, Produkttests.
Die Mädchen zeigen bei keiner Kategorie eine auffallend höhere Nutzung.
b) richtig: ungeeignet, (eventuell für die) Einleitung (geeignet)

Seite 32

17 a) Diese Statistik zeigt den Marktanteil von Video-Sharing-Plattformen in Deutschland im ersten Halbjahr 2016. Die reichweitenstärkste Plattform war zum Zeitpunkt der Erhebung Youtube mit einem Marktanteil von rund 80 Prozent.
b) Einleitung, Schluss

18 Das Diagramm ist nicht geeignet, weil es zeigt, dass nur sehr wenige Jugendliche Youtube als wichtigste Online-Community angeben. Man kann damit nicht die Beliebtheit der Plattform belegen.

Seite 34

1 **Gründe für Beliebtheit:** Nahbare Vorbilder; Selbstverwirklichung durch eigene Videos; Informationsquelle/Politische Bildung; Lernvideos/Nachhilfe
Negative Folgen: verfälschtes Meinungsbild; Empfehlungen durch Algorithmen (Filterblase); Beeinflussung von Jugendlichen durch „Influencer" (Konsum); Abhängigkeit

2 *Individuelle Lösungen*

3 *So könnte deine Lösung aussehen:*
A) Viele Jugendliche nutzen die Videoplattform Youtube.
B) Gründe für die Beliebtheit von Youtube bei jungen Menschen und mögliche negative Folgen des Einflusses dieser Plattform auf Jugendliche.
   I. Warum ist Youtube bei jungen Menschen beliebt?
     1. Nutzen von Erklärvideos bei schulischen Verständnisproblemen
     2. Youtube als Informationsquelle für politische Bildung
     3. Selbstverwirklichung durch das Veröffentlichen eigener Videos
     4. nahbare Vorbilder
   II. Welche negativen Folgen kann der Einfluss von Youtube auf Jugendliche haben?
     1. Hervorrufen eines verzerrten Meinungsbildes
     2. Kein Aufzeigen von Widersprüchen durch Filterblase
     3. Abhängigkeit
     4. Beeinflussung von Jugendlichen durch „Influencer"
C) Viele Jugendliche zeigen einen bewussten Umgang mit der Medienplattform Youtube.

Seite 35

1 a) 1, 13 (evtl. 6, 9)

Seite 36

b) richtig: b)

2 *So könnte deine Lösung aussehen:*
Das Portal Youtube, welches im Jahr 2005 von drei Amerikanern gegründet wurde (vgl. Material 1, Lexikonartikel Westdeutscher Rundfunk), ist einer Umfrage aus dem ersten Halbjahr von 2016 zufolge mit knapp 81 Prozent Marktanteil die reichweitenstärkste Videoplattform Deutschlands (vgl. Material 13, Statistik zum Marktanteil von Video-Sharing-Plattformen in Deutschland im ersten Halbjahr 2016). Dies macht deutlich, dass erstaunlich viele Menschen, darunter vor

allem Jugendliche, diese Internetseite nutzen, und es stellt sich die Frage, warum Youtube bei jungen Menschen so beliebt ist und welche negativen Folgen der Einfluss dieser Plattform auf sie haben kann.

❶ a) <u>Die JIM-Studie 2015 hat ergeben, dass knapp 60 % der Jugendlichen Youtube zur Informationsbeschaffung nutzen</u> (vgl. Material 13). <u>Denn die Möglichkeit, Auskunft über das aktuelle Tagesgeschehen in Form von kurzen Videos zu erhalten, ist besonders einfach. Anstatt in Zeitungen lange nach gewünschten Artikeln stöbern zu müssen, bietet Youtube ein breites Spektrum an Beiträgen, die über das gewünschte Thema aufklären, und ebenso gestaltet sich die Suche nach gewünschten Bekanntmachungen als äußerst unkompliziert. Deshalb wählen auch viele Jugendliche Plattformen aus, um sich politisch zu bilden, und ziehen diese den klassischen Printmedien vor.</u> So lässt sich beispielsweise eine Befragung der Bundeskanzlerin Angela Merkel „zu Themen wie dem Dieselskandal, der Nordkorea-Krise oder sozialer Gerechtigkeit" (vgl. Material 6) finden, die von vier populären Videobloggern durchgeführt wurde.

Seite 37

b) Junge Menschen lesen auch gerne die Zeitung im Netz. Sie schätzen die Online-Gestaltung und das Zusatzangebot, das aus Fotos, Videos und Grafiken besteht.

❷ a) Ein weiterer Grund, warum Youtube bei Jugendlichen so beliebt ist, ist die Möglichkeit zur Selbstverwirklichung.
Sie haben die Möglichkeit, selbstgedrehte Videos zu veröffentlichen (vgl. Material 3). Dadurch können sie anderen Menschen zeigen, was sie bewegt, und ihrer Stimme mehr Ausdruck verleihen, als wenn sie sich nur einem kleinen Freundeskreis mitteilen. Viele Heranwachsende sind auf der Suche nach ihrer Individualität und sie versuchen, sich von ihren Mitmenschen abzugrenzen. Das Portal bietet ihnen die Chance, sich mit ihren Talente, wie beispielsweise das Singen, Musizieren oder Schauspielern, zu präsentieren.

Folgende Aspekte des Wortspeichers passen nicht: Möglichkeit zur Präsentation von Markenwerbung, viele Abonnenten

b) Diese Argumentation kann nicht die erste des Aufsatzes sein, da es zu Beginn heißt: Ein <u>weiterer</u> Grund, [...].

c) Mögliche Formulierungen für die Überleitung zu einer ersten Argumentation: Ein <u>erster</u> Grund ... / <u>Ein wichtiger Grund,</u> warum Youtube bei Jugendlichen so beliebt ist, kann <u>zunächst</u> die Möglichkeit zur Selbstverwirklichung sein.

❸ a) Behauptung:
<u>Weiterhin stellen die Nahbarkeit der Youtuber und die Tatsache, dass sie dadurch als Vorbilder fungieren, zentrale Aspekte dar, warum die Plattform bei Jugendlichen ein so hohes Ansehen genießt.</u>

Seite 38

❸ b) Material 11 ist nicht geeignet, weil es eher die Darstellung der negativen Folgen, die Youtube auf Jugendliche haben kann, illustriert. Material 13 ist nicht geeignet, weil es nicht die Aussage belegt, dass Youtuber besonders nahbar für Jugendliche sind und somit als Vorbilder fungieren.

❸ c) Weiterhin stellen die Nahbarkeit der Youtuber und die Tatsache, dass sie dadurch als Vorbilder fungieren, zentrale Aspekte dar, warum die Plattform bei Jugendlichen ein so hohes Ansehen genießt.
Aufgrund des ähnlichen Alters und Sprachstils der Videoblogger vermitteln diese laut eines Online-Artikels der Süddeutschen Zeitung „vor allem (...) Nähe und Glaubwürdigkeit" (Material 12, Z. 20). Sie wirken auf die jungen Zuschauer ehrlich und authentisch und thematisieren Dinge, die jene bewegt. Zum Beispiel drehen die Youtuber häufig Videos, durch die sie ihre Zuschauer an ihrem Alltag teilhaben lassen. Dies lässt manche Jugendliche ihre Idole als wahre Freunde oder ältere Geschwister wahrnehmen (vgl. Material 2, Z. 11).

Seite 39

❶ b) richtig: A 1; B 2, 1; C 1, 2; D 2, 3, 1

❷ a) richtig: A 3 – B 1, 2 – C 2

b) *So könnte deine Lösung aussehen:*
A: So hat eine Umfrage im Rahmen der JIM-Studie ergeben, dass 72 % <u>der Jungs</u> Youtube nutzen, um lustige Clips anzusehen (<u>vgl. Material 13, Diagramm I zur JIM-Studie</u>).
B: Material 2 zeigt, dass <u>laut einer Fachzeitschrift der Praxis Jugendarbeit</u> Youtuber „Fernsehstars zum Anfassen" seien.
C: Hinzu kommt, dass <u>Daniel Jung in einem Interview in der Fachzeitschrift didacta</u> äußert, dass er „in kurzen Erklärvideos [...] den Stoff auf den Punkt (bringt), leicht und verständlich" (Material 9).

Lösungsteil

Seite 40

1 b) *Folgende Fehler wurden (in dieser Reihenfolge) gemacht:*
- unsachliche und nicht haltbare Behauptung
- falsche Wiedergabe der Zahlenangaben aus Material 13
- es geht in Material 13 um Jugendliche, nicht um Kinder
- falsche Übersetzung: Communitys bedeutet Gemeinschaft und nicht Kommunikation
- Im Schluss darf kein neues Argument/keine neue Behauptung auftauchen.

1 *So könnte eine Erörterung aussehen: (Anmerkung: Sinnvolle Formulierungen für Überleitungen sind unterstrichen.)*

Das Portal Youtube, welches im Jahr 2005 von drei Amerikanern gegründet wurde (vgl. Material 1, Lexikonartikel Westdeutscher Rundfunk), ist einer Umfrage aus dem ersten Halbjahr 2016 zufolge, mit knapp 81 Prozent Marktanteil, die reichweitenstärkste Videoplattform Deutschlands (vgl. Material 13, Statistik zum Marktanteil von Video-Sharing-Plattformen in Deutschland im ersten Halbjahr 2016). Dies macht deutlich, dass erstaunlich viele Menschen, darunter vor allem Jugendliche, diese Internetseite nutzen, und es stellt sich die Frage, warum Youtube bei jungen Menschen so beliebt ist und welche negativen Folgen der Einfluss dieser Plattform auf sie haben kann.

Einen ersten Grund dafür, dass Youtube bei Jugendlichen so populär ist, stellt die Möglichkeit dar, Erklärvideos bei schulischen Verständnisproblemen nutzen zu können. Die Videos vermögen einen entscheidenden Beitrag zur Schulbildung zu leisten, da man gezielt nach einer bestimmten Frage suchen kann, welche einem sofort beantwortet wird. Die kurzen Filme lassen sich jederzeit anhalten, zurückspulen und wiederholen; solange, bis der Inhalt nachvollzogen worden ist. So sehen sich beispielsweise mehr als 71 Millionen Nutzer die Beiträge von Daniel Jung, einem sogenannten Youtube-Lehrer für Mathematik, an. In einem Interview der Fachzeitschrift „didacta" sagt dieser: „In kurzen Erklärvideos bringe ich (...) den Stoff auf den Punkt, leicht und verständlich" (Material 9). Dank dieser Reduktion unterrichtlicher Inhalte auf das Wesentliche, welche stets verfügbar sind, nehmen viele Jugendliche die Videoplattform zu Hilfe, falls sie in der Schule den Stoff nicht verstanden haben.

Hinzu kommt, dass Youtube jungen Menschen als Informationsquelle für politische Bildung dienen kann. So gibt es einige Videoblogger, die ihrem Publikum politische und gesellschaftliche Phänomene auf einfache Art und Weise erklären oder die Fragen ihrer Abonnenten beantworten und somit ihre Inhalte optimal auf die junge Zielgruppe abstimmen können. Für Jugendliche ist Politik häufig ein schwer zugängliches Thema, da man einiges an Vorwissen benötigt, um das aktuelle Tagesgeschehen nachvollziehen zu können. Aber politische Inhalte werden in der Schule meistens erst in höheren Jahrgangsstufen vermittelt. Möchten die Heranwachsenden nun Informationen zu einem bestimmten politischen Sachverhalt, der aktuell in den Medien diskutiert wird, werden sie auf der Videoplattform sicher fündig. So ist zum Beispiel Bundeskanzlerin Angela Merkel vor der letzten Bundestagswahl im August 2017 von vier bekannten Youtubern das erste Mal live befragt worden. Themen wie der Diesel-Skandal, die Nordkorea-Krise und Soziale Gerechtigkeit stellten Inhalte des einstündigen Interviews dar (vgl. Material 6). Ein solcher Beitrag von jungen Videobloggern bietet vielen Heranwachsenden eine interessante Möglichkeit, sich mit Politik auseinanderzusetzen.

Ein nicht zu vernachlässigender Grund für die Beliebtheit von Youtube bei Jugendlichen ist die Möglichkeit, dass sie die Plattform als Mittel zur Selbstverwirklichung nutzen, indem sie selbstgedrehte Videos darauf veröffentlichen (vgl. Material 3). Dadurch bietet sich ihnen die Chance, Vorstellungen, welche sie von sich selbst und ihren Möglichkeiten haben, zu realisieren. Sie können anderen Menschen zeigen, was sie bewegt, und ihrer Stimme mehr Ausdruck verleihen, als wenn sie sich nur einem kleinen Freundeskreis mitteilen. Viele Heranwachsende befinden sich auf der Suche nach ihrer Individualität und sie versuchen, sich von ihren Mitmenschen abzugrenzen. Das Portal erlaubt es den Jugendlichen, Talente, wie beispielsweise Singen, Musizieren oder Schauspielern, mit anderen Nutzern zu teilen, und bietet ihnen somit Raum, sich darzustellen.

Weiterhin stellen die Nahbarkeit der Youtuber und die Tatsache, dass sie dadurch als Vorbilder fungieren, zentrale Aspekte dar, warum die Plattform bei Jugendlichen ein so hohes Ansehen genießt. Aufgrund des ähnlichen Alters und Sprachstils der Videoblogger vermitteln diese laut eines Online-Artikels der Süddeutschen Zeitung „vor allem (..) Nähe und Glaubwürdigkeit" (Material 12). Sie wirken auf die jungen Zuschauer ehrlich sowie authentisch und sie thematisieren Dinge, die jene bewegen, wodurch sie eine engere Verbindung aufbauen können, als dies zu weit entfernten Film- oder Fernsehstars möglich ist. Zudem sind sie in der Lage, direkt auf ihr Publikum einzugehen. Die Youtuber drehen häufig Videos, sogenannte „Q & A" (Questions and Answers), in denen sie Fragen ihrer Bewunderer beantworten, oder sie lassen diese an ihrem Alltag teilhaben, indem sie ein Videotagebuch führen. Dies lässt manche Jugendliche ihre Idole als wahre Freunde oder ältere Geschwister wahrnehmen (vgl. Material 2).

Angesichts der großen Popularität von Youtube bei der jungen Generation muss allerdings auch überlegt werden, welche negativen Folgen der Einfluss der Videoplattform auf Jugendliche haben kann.

Ein negativer Aspekt von Youtube ist, dass die Medienplattform ein verzerrtes Meinungsbild bei Jugendlichen hervorrufen kann. Jungen Menschen fällt es schwerer als Erwachsenen, einen eigenen Standpunkt zu einer Situation oder einem Ereignis zu entwickeln, und daher ist es für sie eine Hilfe, sich an bestehenden Überzeugungen zu orientieren. Zu diesem Zweck können Heranwachsende Youtube-Videos nutzen, in denen zu einem Thema Stellung bezogen wird. Diese Form der Meinungsbildung wird allerdings beschränkt, wenn eine „politisch motivierte Sperrung von Videos" (Material 10) durch die Videoplattform vorgenommen wird. So beschreibt beispielsweise Julian Hans in einem Online-Artikel der Süddeutschen Zeitung, dass Beiträge, welche den Präsidenten Russlands, die Regierung, die Polizei oder Justiz in Frage stellen, blockiert würden (vgl. Material 10). Im Jahr 2016 seien die Löschanträge der russischen Behörden um fast ein Fünffaches gestiegen, was die Sperrung einzelner Videos, aber auch ganzer Kanäle zur Folge hatte. Dies verhindert eine objektive Darstellung von Sachverhalten, auf deren Grundlage Jugendliche sich eine eigene Meinung bilden könnten.

Darüber hinaus tauchen bei Youtube kaum widersprüchliche Meinungen auf, die entgegengesetzte Vorstellungen aufzeigen, da eine sogenannte „Filterblase" entsteht. Je nachdem, welche Videos Jugendliche früher angeklickt haben und welche Präferenzen sie bei der Auswahl der kurzen Filme gezeigt haben, werden von der Videoplattform neue Empfehlungen für weitere Videos gegeben. Diese „erzeugen" laut der Experten Jonas Kaiser und Adrian Rauchfleisch einen „abgeschlossenen Mikrokosmos" (Material 11). Diese Zusammenstellungen neuer Beiträge basieren bei Youtube auf Algorithmen. Knapp 60 Prozent der 14- bis 19-Jährigen nutzen die Plattform, wenn sie auf der Suche nach Informationen im Internet sind (vgl. Material 13, Diagramm I: JIM-Befragung). Schauen Jugendliche zum Beispiel Filme von extremistischen Gruppen oder Parteien, werden sie in Zukunft fast ausschließlich Kanalempfehlungen erhalten, die dieses Weltbild bestätigen, wodurch sie in ihren Überzeugungen bestärkt werden könnten. Durch diese „Filterblase" kommt man kaum in Kontakt mit anderen Meinungen und kann sich somit nicht objektiv bilden.

Dieser abgeschlossene Mikrokosmos kann zusätzlich auch noch dazu führen, dass Jugendliche eine Sucht nach Youtube entwickeln, da ihnen laufend neue Videos vorgeschlagen werden, deren Inhalt sie wahrscheinlich interessiert. Anfangs sehen sie wahllos einige Videos an, bemerken dann jedoch, dass sie beispielsweise immer auf dem neusten Stand im Leben ihrer Idole sein möchten oder in Erfahrung bringen wollen, welche neuen interessanten Videos es zu betrachten gibt. Dadurch entsteht eine Abhängigkeit nach diesem Verhalten und die jungen Menschen haben keine Selbstkontrolle mehr. Besteht einmal nicht die Möglichkeit, die neusten Videos bestaunen zu können, belastet sie dieses Gefühl sofort und sie müssen ständig daran denken, wann ihnen die Plattform wieder zur Verfügung steht.

Eine weitere negative Folge der Videoplattform kann sein, dass Jugendliche sich leicht von Youtube-Stars beeinflussen lassen, da diese genauso alt sind wie ihre Zuschauer, deren Sprache sprechen und häufig in ihren eigenen Wohnungen filmen. Dadurch wirken die jungen Produzenten nahbarer und glaubwürdiger als Fernsehstars. Dies bietet den sogenannten Influencern beispielsweise die Möglichkeit, Markenwerbung in ihren Videos unterzubringen, wobei diese laut eines Artikels der Süddeutschen Zeitung nicht immer „als solche zu erkennen ist". Häufig organisieren sich die bekannten Youtube-Stars in sogenannten Netzwerken, „die als Vermarktungsagenturen fungieren" (Material 12) und die Filmer teilweise dazu anweisen, Schleichwerbung zu betreiben. So stellt auch eine Youtuberin namens Nilam Farooq in ihren Videos Produkte vor, die sie gut findet. Dabei informiert sie ihr Publikum ausführlich über die Hersteller und Marken ihrer gezeigten Empfehlungen. Ihre Zuschauer sind hauptsächlich Mädchen und junge Frauen, sodass man sich leicht vorstellen kann, dass einige von ihnen den Anregungen nachkommen und sich von der „Influencerin" bei ihrer nächsten Kaufentscheidung tatsächlich beeinflussen lassen.

Die vorliegende Erörterung zeigt zahlreiche Gründe auf, warum sich Youtube bei Jugendlichen so großer Beliebtheit erfreut, und erläutert, welche negativen Folgen der Einfluss dieser Videoplattform auf junge Menschen haben kann. Nicht zu vergessen ist aber, dass Youtube nicht die einzige Plattform darstellt, die den Heranwachsenden gefährlich werden kann. So gaben in einer Befragung der JIM-Studie im Mittel nur 3 Prozent der 12- bis 17-Jährigen die Internetseite als wichtigste

Online-Gemeinschaft an (vgl. Material 13). Dies ändert jedoch nichts an der Tatsache, dass die Nutzung von Youtube momentan einen sehr großen Trend darstellt, der aus dem Leben der Jugendlichen nicht mehr wegzudenken ist. Auch ich persönlich nutze die Seite des Öfteren in meiner Freizeit oder für Recherchezwecke und finde sie sehr sinnvoll und unterhaltsam. Daher bin ich der Überzeugung, dass es unabdingbar ist, den Heranwachsenden einen bewussten und wachsamen Umgang mit diesem Internetportal beizubringen. Der Informationstechnologie- und Deutschunterricht in der Schule könnte hierfür sicher Möglichkeiten bieten.

❷ *Individuelle Lösungen*

Seiten 41–42

❶ **b) c)** *So könnte deine Lösung aussehen:*

A: Informationen zum Text
B: Textanalyse und weiterführende Aufgabe zum Text „…"
  1. Strukturierte Inhaltszusammenfassung
  2. Textsortenbestimmung
  3. Analyse der sprachlichen Mittel
     a) Sprachebene
     b) Satzbau / Satzarten
     c) Wortwahl
     d) Stilmittel
  4. Beschreibung des Textäußeren (Layouts) (Wirkung)
  5a) Gründe für die Beliebtheit ausgefallener Freizeitbeschäftigungen
     oder
  5b) Leserbrief an die Schulleitung
C: Eigene Meinung zum Text

Seite 45

❶ a) Beginn: 8. August 1914

b) Name des Schiffes: Endurance

c) Name des Begleitschiffes: Aurora

d) Größe der Expeditionsmannschaft: 56

❷ richtig: c) Shackleton wollte als Erster die Antarktis durchqueren.

❸ 1 (Z. 41–42) / 3 (Z. 51–58) / 7 (Z. 135–137) / 2 (Z. 42–45) / 4 (Z. 77–93) / 6 (Z. 117–130) / 5 (Z. 102–113)

Seite 46

❹ **Ressource:** Fleisch, Fett
Verwendungszweck: Ernährung, Brennstoff für die Öfen

❺ richtig: a), c), e); falsch: b), d)

❻ *So könnten deine Stichpunkte als Grundlage für die Inhaltszusammenfassung lauten:*
Absatz 1 (Z. 5–19): Beschreibung des Untergangs von Ernest Shackletons „Endurance" während der Polarexpedition
Absatz 2 (Z. 20–40): Grund der Expedition: erste Durchquerung der Antarktis; Routenplanung wird erklärt; Zweiteilung der Mannschaft wegen Proviants; 56 Mann reisen mit
Absatz 3 (Z. 41–58): Abreise am 8.8.1914 in England; Festfrieren der „Endurance" im Packeis im Januar 1915; keine Hoffnung auf Weiterfahrt
Absatz 4 (Z. 59–75): Beschäftigungen wie Theater oder Feiern als Zeitvertreib; Schiff zerbricht; Zelt auf Packeis; Überleben durch Jagd; erneute Gefahr durch das Schmelzen der Eisscholle
Absatz 5 (Z. 76–101): Umsteigen auf drei Rettungsboote; Kampf gegen Kälte und Feinde; Ankunft auf dem völlig veröderten Elephant Island; South Georgia als letzte Rettung
Absatz 6 (Z. 102–120): Fahrt einer kleinen Gruppe auf einem Rettungsboot nach South Georgia; Kälte; Ankunft am falschen Anlegeplatz und Durchqueren der Insel zu Fuß
Absatz 7 (Z. 121–138): Ankunft am bewohnten Teil der Insel; Aussenden von Hilfe für Zurückgebliebene; 30. August: Rettung der gesamten Crew abgeschlossen

Seite 47

❶ a)
Autorin: Kerstin Viering
Titel: „Verloren in der Antarktis"
Quelle: Berliner Zeitung (Nummer 262) vom 10.11.2015, Seite 12
Kernsatz: In dem Text wird eine der abenteuerlichsten Reisen der Polarforschung beschrieben, nämlich Ernest Shakletons Versuch, mit seiner Mannschaft und seinem Schiff „Endurance" die Antarktis zu durchqueren.

Seite 48

b) Der Sachtext „Verloren in der Antarktis" wurde von Kerstin Viering verfasst. Er erschien am 10. November 2015 in der Berliner Zeitung (laufende Nummer 262) auf der Seite 12.
In dem Text wird eine der abenteuerlichsten Reisen der Polarforschung dargestellt. Ernest Shackleton versucht mit seinem Schiff „Endurance" und seiner Mannschaft als Erster die Antarktis zu durchqueren. Dabei geraten sie mehrfach in lebensgefährlichen Situationen.

Seite 49

2 *So könnten Stichpunkte für deine Antwort aussehen:*

„Verloren in der Antarktis" ist eine Mischung aus Bericht und Reportage.
- aktuelles Geschehen (100. Jahrestag der Expedition)
- Informationen (W-Fragen)
- Zitate historischer Figuren (Z. 121–123)
- Weitgehend sachlich-objektiver Schreibstil
- Passagen mit anschaulichen und beschreibenden Verben und Adjektiven

Seiten 50–52

3 a) b)

Merkmale (des Textes)	Passende Textstelle/Zitate
Zuallererst fällt dem Leser der offene Anfang auf, er wird unmittelbar in das Geschehen geworfen, ohne dass er genauere Angaben zu Ort, Zeit und Personen erhält.	Zeile 1 ff. „Sie fielen sich unsanft auf dem Bahnsteig des Kölner Hauptbahnhofs in die Arme und riefen gleichzeitig: ‚Du?!'"
offener Schluss (wie geht es weiter?)	„Nein, das ging nicht, jetzt, wo sie eine Dame geworden ist und eine Bombenstellung hat." (Z. 234 ff.)
Alltagspersonen	„Ich bin der neue Kranführer." (Z. 223)
krisenhafte Situation	„Jetzt müsste ich ihr sagen, dass ich sie immer noch liebe, dass es nie eine andere Frau für mich gegeben hat, dass ich sie all die Jahre nicht vergessen konnte." (Z. 120 ff)
Alltagssituation	„Sie aßen in demselben Lokal zu Mittag und tranken anschließend jeder zwei Cognacs. Sie erzählten sich Geschichten aus ihren Kindertagen und später aus ihren Schultagen." (Z. 140 ff.)
linearer Handlungsstrang	Es wird ausschließlich über die beiden Protagonisten geschrieben, es gibt keine Nebenhandlung.
Alltagssprache	„Wie dumm von mir, ich hätte ihm sagen sollen, dass ich noch immer die kleine Verkäuferin bin." (Z. 206 ff.)

3 c) Die Vermutung hat sich bestätigt. Es können alle charakteristischen Merkmale der Textsorte Kurzgeschichte nachgewiesen werden.

Seite 53

1

Merkmal	Funktion und Wirkung
Schlagzeile, Überschrift (Fettdruck)	Erwecken von Interesse, Anreiz zum Lesen
Untertitel	genauere Angaben zum Inhalt
Leadtext	Hauptinformation, knappe Angabe des Inhalts
Zwischenüberschriften	Hervorheben der wichtigsten Aspekte, Gliederung des Textes
Spalten	platzsparende Textaufteilung
Absätze	innere und äußere Gliederung des Textes
Illustration/Foto	lockert den Text auf; dient der Visualisierung und Verdeutlichung des Textinhalts
Initiale	Blickfang, optische Auflockerung
Bildunterschrift	ergänzende Information zum Bildinhalt
Lauftext	gesamter ausformulierter Inhalt

Seite 54

2
- fett gedruckte Überschrift: Erwecken von Interesse und Schaffung eines Leseanreizes
- Lead: Genauere Vorstellung des Themas (Zeilen 1–4)
- Spaltendruck: Übersichtlichkeit
- Absätze: Gliederung des Textes; Leser/-in erhält Verschnaufpause
- Illustration: Reiseweg Shakletons kann nachvollzogen werden

Lösungsteil

❸ Bei „Masken" gibt es auch Absätze, allerdings ohne Nummerierung und weniger deutlich. Die Illustration hat keine informierende Funktion. Der Spaltendruck und die fett markierte Überschrift erfüllen denselben Zweck wie bei Kerstin Vierings Text. Insgesamt gibt es bei diesem literarischen Text weniger gestaltende Elemente als bei dem Sachtext „Verloren in der Antarktis".

Seite 55

❶ a) b)

Sprachliches Mittel	Textstelle/Beispiel	Wirkung
Standardsprache	Z. 167 „Kurz vor drei brachte er sie zum Bahnhof."	allgemeine Verständlichkeit
Parataxen im Wechsel mit Hypotaxen	Z. 114 ff.	Dosieren der Informationen und Aussagen
Ellipse	Z. 51 „Ach", Z. 56 f. „Und jetzt?" Z. 130 f. „Entweder die Arbeit oder das andere (...)."	verknappte Aussage, Gefühle werden zurückgehalten
Wiederholung	– Z. 31–33 „Fünfzehn Jahre" – Z. 62, Z. 234 f. „Bombenstellung" – Z. 150/152 „hastig"	– Betonung, Sprachlosigkeit; – Betonung des gleichen Irrtums bei beiden; – Überspielen der Unsicherheit
rhetorische Frage	Z. 63 „Aber so?"	Einbezug des Lesers
Metapher	Z. 86 „Brücke zueinander" Z. 133 „blind folgen"	bildhafte Darstellung; bessere Vorstellbarkeit
Vergleich	Z. 216 „wie ein kleines Mädchen"	bessere Vorstellbarkeit
anschauliche Adjektive	Z. 158–160 „Er kann immer noch so herrlich lachen, genau wie früher, als er alle Menschen einfing mit seiner ansteckenden Heiterkeit."	anschaulich, eindrücklich

Seite 56

❶ + **❷** *Die Lösungen zu „Verloren in der Antarktis" sind fett gedruckt.*

Absicht der Autorin / des Autors	Textstellen/Beispiele
Unterhaltung	„Er kann immer noch so herrlich lachen, genau wie früher, als er alle Menschen einfing mit seiner ansteckenden Heiterkeit." (Z. 158–160) **„Draußen sind drei komisch aussehende Männer, die sagen, dass sie über die Insel gekommen sind und Sie kennen'", meldete der Vorarbeiter (...) (Z. 121–123)**
Darstellung eines tatsächlichen Ereignisses	**„Vor hundert Jahren erlebten Ernest Shackleton und seine Begleiter auf dem Schiff „Endurance" eine der dramatischsten Reisen der Polarforschung."' (Z. 1–4)**
Appell (an die Leser)	nicht verstellen; keine falsche Zurückhaltung **nicht aufgeben**
Kritik	falsche Bescheidenheit; Chancen nicht nutzen
Nachdenken	eigene Handlungsweisen überdenken: Nutze ich meine Chancen? **Gebe ich immer so viel, wie ich geben könnte?**
Information	**genaue Darstellung der Expedition**
Ansprechen von Gefühlen oder Auslösen von Betroffenheit	Mitfühlen, Mitleid mit den beiden; Wut **Angst um die Besatzung; Bewundern des Durchhaltevermögens**
Darstellung der Meinung der Autorin / des Autors	**„Wie sollte man nicht den Verstand verlieren (...)?" (Z. 59 f.): Verständnis; „Die Männer mussten ein neues Wagnis eingehen"' (Z. 76 f.): Gefährlichkeit des Unterfangens**
Beeinflussung der Leser	Chancen nutzen; unverhoffte Gelegenheiten ergreifen

Seite 58

2 *siehe die Lösungen zu Seite 56*

3 a) Zielgruppe von „Masken": Erwachsene, Jugendliche

Zielgruppe von „Verloren in der Antarktis":
historisch Interessierte, Erwachsene, Jugendliche, (Kinder)

b) *Individuelle Lösungen*

Seite 59

2

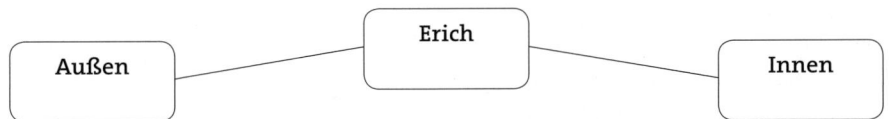

Außen
- schaut noch gut aus (Z. 90 ff.)
- nicht verheiratet (Z. 74 f.)
- Zug aus Hamburg (Z. 6)
- hat Renate 15 Jahre nicht gesehen (Z. 31)
- früher Schlosser mit wenig Verdienst (Z. 79 f.)
- Raucher (Z. 66 f.)

Innen
- ungeduldig wie immer/früher (Z. 36 f.)
- hat Angst, wieder von Renate verletzt zu werden; fühlt sich minderwertig (Z. 63 ff.)
- schüchtern (Z. 98 f.)
- vergleicht alle Frauen mit Renate (Z. 115 ff.)
- liebt Renate immer noch (Z. 120 f.)
- will sich nicht blamieren (Z. 126 f.)
- besitzt ansteckende Heiterkeit (Z. 159 f.)
- hadert mit seinem Leben bzw. seinem Verhalten (Z. 230 ff.)

3 *So könnte deine Lösung aussehen:*
Der männliche Protagonist aus der Kurzgeschichte „Masken" heißt Erich. Er kommt mit dem Zug aus Hamburg (Z. 6) und ist von der Ausbildung her Schlosser (Z. 79 f.). Erich sieht für sein Alter noch gut aus (Z. 90 ff.), außerdem ist er Raucher und nicht verheiratet (Z. 74 f.).
Erich war schon immer sehr ungeduldig (Z. 36 f.) und schüchtern (Z. 98 f.). Dennoch lacht er gerne und begeistert damit andere Menschen (Z. 159 f.). Obwohl er beim Treffen mit Renate die Führung übernimmt, hat er Angst, von ihr wieder verletzt zu werden, und will sich nicht blamieren (Z. 63 f.). Überhaupt hadert Erich mit seinem Leben (Z. 230 ff.), was vielleicht auch der Grund ist, wieso er keine Partnerin hat. Insgeheim liebt er Renate immer noch (Z. 120 f.), auch wenn er sie seit 15 Jahren nicht gesehen hat (Z. 31).

4 *So könnte deine Lösung aussehen:*
Die weibliche Protagonistin aus Max von der Grüns Kurzgeschichte „Masken" heißt Renate. Sie ist unverheiratet und hat keine Kinder. Der Grund hierfür ist angeblich ihre neue Arbeit als Leiterin eines Textilversandhauses (Z. 44 ff.) und die unangepassten Arbeitszeiten. Als vermeintliche leitende Angestellte will sie angeblich vier Wochen nach Holland, um sich zu erholen (Z. 58 f.). Sie erinnert sich an den „kleinen Streit" (Z. 76), durch den die Beziehung zu Erich in die Brüche ging. Erich war ihr damals nicht gut genug und zu wenig wohlhabend. Ebenso schaute sie etwas verächtlich auf ihn als „ölverschmierten Schlosser" (Z. 79 f.). Nun nach 15 Jahren findet sie, dass Erich „immer noch gut aussieht" (Z. 90 f.). Sie verbringt gerne Zeit mit ihm und verpasst mehrere Züge. Oft lacht sie zu laut, vermutlich will Renate dadurch ihre Unsicherheit überspielen. Sie merkt, dass sie Erich noch liebt und dass sie ihm „blind folgen" würde (Z. 133 f.), wenn er es wollte. Sie vergleicht alle Männer automatisch mit ihm. Sie wird von Selbstzweifeln geplagt und findet, dass alles sinnlos geworden ist (Z. 139). Renate sagt aus lauter Verlegenheit überflüssige Dinge und hat Angst, etwas Falsches zu sagen. Erich wiederum findet Renate noch immer „schön" (Z. 192). Zu Beginn ihrer Zugfahrt weint sie, weil sie die Chance ihres Lebens verpasst hat. Sie bereut, dass sie Erich angelogen hat: Denn sie ist keine Firmenchefin, sondern immer noch Verkäuferin. Sie flunkerte, weil sie genauso wie Erich Angst hatte, dass sie ihm nicht genügen könnte. Dieses Verhalten bereut sie jetzt und bezeichnet sich selbst als „dumm" (Z. 215).

Seite 60

1 *So könnte deine Lösung aussehen:*
Mir hat der Text „Verloren in der Antarktis" sehr gut gefallen. Die Erzählung ist mitreißend verfasst und gibt einen guten Einblick in die Situation des Expeditionscorps. Mir war nicht bewusst, dass die Crew auf der „Endurance" derartige Strapazen auf sich nehmen musste und mehrfach den Tod vor Augen hatte. Ich empfehle den Text jedem, der sich etwas für Geschichte interessiert.

2 *So könnte deine Lösung aussehen:*
Die Kurzgeschichte „Masken" hat mir sehr gut gefallen. Beide Figuren wurden plastisch und anschaulich dargestellt und man konnte sich gut in die Situation hineinversetzen. Ebenso wurde das Dilemma beider Protagonisten erkennbar. Lernen kann man aus der Geschichte, dass man sich nicht verstellen soll und manchmal auch seinen Gefühlen folgen kann.

Seite 61

1 Schlüsselbegriff: Wahlrecht; Einschränkung: ab 16 Jahren
Das Thema ist eingliedrig.

2 *Individuelle Lösungen*

Mögliche Ideen für das Cluster:
– Jugendliche bezahlen auch Steuern
– Wahlrecht verhindert Politikverdrossenheit
– Jugendliche haben bereits eine politische Meinung
– Jugendliche sind politisch gebildet

Seite 62

3 a) *Individuelle Lösungen*

Mögliche Ideen:

Politische Meinung
– Jugendliche haben politische Meinung
– sind durch Schule gebildet
– können selbst nachdenken

Fairness
– Jugendliche zahlen Steuern

Demokratie
– verhindert Politikverdrossenheit

3 b) *So könnte deine Lösung aussehen:*
1. Wahlrecht für Jugendliche wäre dem Entwicklungsstand von Jugendlichen angemessen.
2. Wahlrecht für Jugendliche wäre ein Zeichen von Fairness.
3. Wahlrecht für Jugendliche stärkt die Demokratie.

4

Gliederung	
1. Einleitung	In der Demokratie kann das Volk wählen.
2. Hauptteil	– Jugendliche haben fundierte politische Meinung (Schulbildung, eigenständiges Denken) – wäre fair (Jugendliche zahlen Steuern) – stärkt Demokratie (verhindert Politikverdrossenheit, motiviert zur politischen Bildung)
3. Schluss	Die Bunderegierung sollte das Wahlrecht für Jugendliche einführen.

Seite 63

5 a) Behauptung, *Begründung*, <u>Beispiel</u>

Das Wahlrecht ab 16 ermöglicht es Jugendlichen frühzeitig, ihrer politischen Meinung Ausdruck zu verleihen. *Jugendliche bilden sich zu verschiedenen Themen – auch durch die Schule – eine eigene Meinung, dies geschieht auch im politischen Bereich. Deshalb ist es nur gerecht, mit 16 wählen zu dürfen, da damit die Meinung der Jugendlichen repräsentiert wird.* <u>In der Schule dürfen beispielsweise schon viel jüngere Schüler an Klassensprecherwahlen teilnehmen und so ihrem Willen Ausdruck verleihen.</u>

Seite 64

5 b) *So könnte deine Lösung aussehen:*

Das Wahlrecht für Jugendliche würde zur Stärkung der Demokratie beitragen. Denn die Jugendlichen würden ein größeres Interesse an Politik entwickeln. Bevor sie wählen gehen, müssten sie sich über die Parteien und die Politik informieren. So sollten Jugendliche, die sich zum Klassensprecher wählen lassen, auch über die Angelegenheiten der Schule Bescheid wissen.

6 *So könnte deine Lösung aussehen:*
Es ist das wichtigste Merkmal einer Demokratie, dass die Bürger/-innen eines Staates wählen dürfen. Meiner Meinung nach sollte es das Wahlrecht auch schon für Jugendliche ab 16 Jahren geben. Es ist ein Irrglaube, dass Jugendliche mit 16 Jahren zu jung seien, um die Politik zu verstehen. Schließlich lernen Jugendliche im Politik- und Sozialkundeunterricht ihrer Schule vieles über die Politik in Deutschland. Auch sind Jugendliche durchaus in der Lage, sich eine politische Mei-

nung zu bilden. Das beweisen beispielsweise die Wahlen zum Klassen- und Schulsprecher, die an jeder Schule stattfinden.

Ein weiteres Argument aber ist die Tatsache, dass es nur fair wäre, wenn Jugendliche wählen dürften, denn auch sie zahlen Steuern. Sie zahlen, also sollten sie auch mitbestimmen können, wofür der Staat sein Geld verwendet. Sonst müsste es ja z.B. unterschiedliche Preise im Laden geben.

Weitaus wichtiger aber ist, dass das Wahlrecht für Jugendliche die Demokratie stärken würde. Die Jugendlichen wären motivierter, sich für die Allgemeinheit einzusetzen, und die Politikverdrossenheit könnte sich gar nicht so entwickeln. Zum Beispiel würden dann vielleicht auch mehr Jugendliche in Parteien mitarbeiten.

Wenn die Bunderegierung den Begriff „Demokratie" ernst nimmt, sollte sie auch das Wahlrecht für Jugendliche einführen.

Seite 66

 b) *So könnte deine Lösung aussehen:*

Max Mustermann
Musterstraße 1
12345 Musterstadt

Kerstin Viering
X-Straße
Xhausen
                                      Musterstadt, den 31.01.2018

Betreff: Stellungnahme zum Artikel „Verloren in der Antarktis" vom 10.11.2015

Sehr geehrte Frau Viering,

mit großem Interesse habe ich Ihren Artikel „Verloren in der Antarktis" vom 10.11.2015 in der Berliner Zeitung gelesen. Ich möchte zu den dargestellten Sachverhalten gerne kurz Stellung nehmen.

Forschungsreisen waren vor hundert Jahren gefährlich und – wie ich finde – in mancherlei Hinsicht unnötig. Heute hingegen werden meist Forschungsreisen veranstaltet, deren Nutzen durchaus sinnvoll ist.

Ein großer Vorteil heutiger Forschungsreisen ist der Nutzen für die Wissenschaft, weil neue Erkenntnisse gewonnen und diese mit bereits existierenden Befunden in Einklang gebracht werden können. So werden in der modernen Raumfahrttechnik z.B. ständig neue Werkstoffe getestet, die für die Endverbraucher von Nutzen sein können.

Betont werden muss, dass die in Ihrem Artikel dargestellten Gefahren und Wagnisse der Expedition Shackletons mit heutigen Risiken nicht mehr vergleichbar sind. Zwar gibt es auch heute mit Sicherheit noch brenzlige Situationen, aber durch moderne Technik und kleine Helfer werden Risiken minimiert. So kann man die Forscher jederzeit über GPS orten und notfalls Hilfe schicken.

Insgesamt wird aus meiner Sicht in Ihrem Artikel der Aspekt des Ruhmes vernachlässigt. Zu der genannten Zeit waren die Forscher quasi moderne Helden, die nach erfolgreich bestandener Abenteuerfahrt viel an Geld und Anerkennung ernteten. Es stand damit nicht nur der Anreiz im Vordergrund, als Forscher neue Erkenntnisse zu gewinnen, sondern auch der Wunsch nach Ruhm und Ansehen.

Ihr Artikel hat mir neue Impulse gegeben, mich mit Forschungsreisen zu beschäftigen. Ich hoffe, dass ich meinerseits meine Anregungen klar zur Geltung bringen konnte.

Mit freundlichen Grüßen

Max Mustermann

Seite 67

1 a) Individuelle Lösungen

b) Individuelle Lösungen

Mögliche Stichpunkte:
- Verliebtheit
- Trauer
- Fassungslosigkeit (eigene Lüge, verpasste Chance)
- Sehen: Neonlampen, Menschenmassen, Züge, Geschäfte
- Hören: Pfeifen, Gerede, Quietschen der Loks, Absätze auf dem Boden
- Riechen: Parfüm, Schweiß, Essen der Buden
- Fühlen: Vibrieren bei Einfahrt von Zügen, Anrempeln
- Schmecken: Cognac (vom Restaurant)

Seite 68

1 c) Individuelle Lösungen

Mögliche Stichpunkte für die Gliederung:
1. **Überschrift:** Wieder allein
2. **Einleitung:** Ich allein am Bahnhof
3. **Hauptteil:**
   - Vertane Chance
   - Erinnerung an früher
   - Verharren im Moment des Abschieds
   - Sinneswahrnehmungen
4. **Schluss:** Gibt es für mich noch eine weitere Chance?

2 Individuelle Lösungen

Seite 69

3 So könnte deine Lösung aussehen:

Wieder allein

Hier stehe ich nun. Bis vor zwei Minuten war ich mit meiner Traumfrau zusammen. Ich habe sie völlig unerwartet getroffen, wie vom Donner gerührt stand ich da, als sie plötzlich vor mir auftauchte. Sie hätte mich fast umgerannt. Ich habe die Gelegenheit wieder nicht genutzt, ihr zu gestehen, dass ich sie liebe.
Genau vor 15 Jahren trennten wir uns wegen eines dummen, kleinen Streits. Ich war ihr nicht gut genug, hatte nie Geld und konnte ihr nichts bieten, genau wie jetzt. Die Lüge mit meiner guten Stellung war notwendig, ich wollte ihr imponieren, unbedingt ... Jetzt wurde ich zum zweiten Mal von ihr verlassen, wie ein begossener Pudel stehe ich jetzt hier ... Überall rastlose Menschen ...
Ich kann immer noch Renates Parfüm riechen. Der Duft vermischt sich jetzt mit dem der Backwaren. Das ist irgendwie schön. Ich schmecke den Cognac aus dem Restaurant am Gaumen, der mich an unsere stundenlangen Gespräche erinnert. Jetzt ist er nur noch ein trauriger Rest von einem wunderbaren Nachmittag.
Menschen hasten an mir vorbei, überall Gewimmel. Jetzt rempelt mich jemand an, ich bin so in Gedanken, dass ich nicht ausweiche. Alles wirkt unwirklich: die grellen Neonlampen, die Gerüche der Buden, das unangenehme Quietschen der Bahnräder, das Pfeifen der Schaffner. Bei jeder einfahrenden Lok vibriert der Boden, den mir Renate eben unter den Füßen weggezogen hat ... Ich komme einfach nicht von Renate los – ich will eine weitere Chance!
Jetzt wird es erst mal Zeit, zur Arbeit zu gehen. Alleine. Schon wieder.

4 Individuelle Lösungen

Seite 70

So könnte deine Gliederung aussehen:

A) Es fällt auf, dass Smartphones heutzutage überall verwendet werden.

B) Warum sind Smartphones aus der heutigen Gesellschaft nicht mehr wegzudenken? Welche möglichen negativen Folgen hat der (übermäßige) Gebrauch dieser Geräte?
  I. Mögliche Gründe für die starke Nutzung von Smartphones
     1. ständige Erreichbarkeit
     2. Multifunktionalität von Smartphones
     3. Nutzung des mobilen Internets
     4. kurzweilige Möglichkeiten der Unterhaltung
     5. soziale Eingebundenheit
     6. neue Kommunikationswege
  II. Mögliche negative Folgen des übermäßigen Smartphone-Gebrauchs
     1. Verschuldung aufgrund hoher Kosten
     2. Eingriff in die Privatsphäre durch mögliche Überwachung
     3. Ablenkung im Straßenverkehr
     4. Beeinträchtigung der Umgangsformen
     5. Suchtverhalten
     6. Ausbeutung von Arbeitern bei der Produktion

C) Ein bewusster Umgang mit Smartphones ist sinnvoll.

Seite 75

Lösungen zum TGA findest du bei den Lösungen zu den AH-Seiten 79 (Literarischer Text) und 80 (Sachtext).

Seite 76

So könnte deine Gliederung aussehen:

A. Letztes Jahr musste ich im Rahmen der Projektpräsentation eine Präsentation im Team erstellen.

B. Was können Schüler aus Präsentationen und Referaten für sich und ihr späteres Leben lernen? Warum sind diese nicht bei allen Schülern beliebt?
  I. Welches sind positive Effekte von Präsentationen und Referaten?
     1. Erweiterung der eigenen Kenntnisse
        a) Ausbau des Allgemeinwissens
        b) Vertiefung des Unterrichtsstoffes
     2. Gewinnbringender Umgang mit digitalen Medien
        a) Internetrecherche zur Informationsbeschaffung
        b) Medieneinsatz bei der Präsentation
     3. Erwerb von Schlüsselqualifikationen
        a) sichere Vortragstechnik
        b) Arbeit im Team
  II. Welche Gründe sprechen für die Unbeliebtheit von Präsentationen und Referaten?
     1. Schulische Zwänge
        a) Benotung der Präsentationen
        b) Zuteilung eines unbeliebten Themas
     2. Probleme innerhalb der Gruppe
        a) Mangelhafte Einhaltung von Absprachen
        b) Ungünstige Gruppenzusammensetzung
     3. Persönliche Gründe
        a) hoher Arbeitsaufwand
        b) Angst vor Peinlichkeiten

C. Obwohl Präsentationen und Referate oft unbeliebt sind, bieten sie eine gute Möglichkeit für bessere Noten.

So könnte deine Erörterung aussehen:

Seit einigen Jahren müssen alle Realschüler der 9. Klasse an einer Projektpräsentation teilnehmen und dabei in Gruppen verschiedene Teilbereiche eines übergeordneten Themas erarbeiten. Ich kann mich noch sehr gut an meine eigene Präsentation im letzten Jahr erinnern, an der unsere Gruppe einige Wochen lang gearbeitet hat. Der Höhepunkt dieser Projektarbeit war die Vorstellung der Ergebnisse vor unseren Eltern. Trotz unserer Nervosität waren wir am Ende sehr stolz auf unsere Leistung, denn wir haben erkannt, dass man aus Gruppenpräsentationen und Referaten sehr viel für sich und sein späteres Leben lernen kann. Welche positiven Effekte dies im Einzelnen sind und warum diese Präsentationen trotzdem nicht bei allen Schülern beliebt sind, möchte ich nun im Folgenden erörtern.

Ein wichtiger positiver Effekt von Präsentationen und Referaten ist sicherlich die Möglichkeit, seine eigenen Kenntnisse zu erweitern. So kann man sein Allgemeinwissen ausbauen, wenn man sich im Rahmen eines Referates oder einer Präsentation mit einem unbekannten Thema auseinandersetzen muss. In einigen Fächern ist es nämlich so, dass die Lehrkraft einen Pool an Themen vorgibt, aus dem sich die Schüler eines auswählen müssen. Durch diese eingeschränkte Wahlmöglichkeit wird man natürlich gezwungen, sich auch einmal mit Inhalten zu beschäftigen, für die man sich normalerweise nicht interessieren würde, und man erwirbt Wissen, das man vorher nicht hatte. Ich selbst musste zum Beispiel in der 9. Klasse zum Thema „Essstörungen" ein Referat halten und weiß seitdem, was Fachbegriffe wie „Binge Eating", „Adonis-Komplex" oder „Bulimie" bedeuten. Dies ist sicherlich für mein Allgemeinwissen durchaus nützlich.

Durch Referate oder Präsentationen kann man aber auch den Unterrichtsstoff vertiefen, denn vielfach vergeben Lehrkräfte im Laufe eines Schuljahres auch Referatsthemen passend zum laufenden Schulstoff. Auf diese Weise können Themen aus unterschiedlichen Perspektiven beleuchtet und Zusatzinformationen geliefert werden, für die im eigentlichen Unterricht zu wenig Zeit bleibt. So haben die Schüler die Möglichkeit, Zusammenhänge zu erkennen und nützliches Hintergrundwissen zum aktuellen Stoff zu erhalten. Als wir in der Unterstufe im Biologieunterricht das Thema „Fische" behandelt haben, hat ein Mitschüler, der auch Mitglied im Fischereiverein war, zusätzlich ein Referat über einheimische Fische gehalten. Dadurch habe ich zum Beispiel sehr viel mehr Fischarten kennengelernt, als wir im Unterricht besprechen konnten.

Die angeführten Argumente belegen, dass Referate und Präsentationen durchaus dazu beitragen können, die eigenen Kenntnisse zu erweitern.

Bei der Nennung der positiven Effekte von Präsentationen und Referaten darf man auf keinen Fall vergessen, dass man dadurch auch einen gewinnbringenden Umgang mit digitalen Medien lernt, der gerade im heutigen „digitalen Zeitalter" so enorm wichtig ist. Zu erwähnen ist dabei zunächst die Internetrecherche zur Informationsbeschaffung. Um sich ausführlich über ein Thema zu informieren, muss man sich natürlich im Internet umschauen und nach geeigneten Webseiten suchen. Dabei muss der Schüler lernen, planvoll und zielgerichtet vorzugehen und bestimmte Suchstrategien anzuwenden. Des Weiteren muss er Techniken beherrschen, um wichtige von unwichtigen Informationen zu unterscheiden, um schließlich an seine gewünschten Informationen zu gelangen. Als wir in der Unterstufe im Deutschunterricht eine Präsentation zu einer Lektüre erarbeiten mussten, haben wir von unserer Lehrerin als Hilfestellung eine Liste mit geeigneten Internetseiten erhalten, um eine sinnvolle Recherche leisten zu können und uns nicht zu verzetteln. Das war auch für spätere Präsentationen sehr hilfreich.

Außerdem ist natürlich der Einsatz von digitalen Medien bei der Präsentation selbst unverzichtbar. Deshalb ist es sehr wichtig, dass die Schüler den Umgang mit Beamer und Dokumentenkamera beherrschen und problemlos eine PowerPoint-Präsentation erstellen können. Durch den Einsatz von Medien können Inhalte für das Publikum veranschaulicht und aufgelockert werden und die Zuhörer können dem Referenten besser folgen. Zudem erwerben Schüler durch den frühen Umgang mit Medien wichtige Kompetenzen, die vor allem für ihr späteres Berufsleben von Bedeutung sein können. Bei unserer Projektpräsentation im letzten Schuljahr hat meine Gruppe neben einer PowerPoint-Präsentation auch einen kleinen Kurzfilm gedreht, und wir mussten uns im Zuge dessen erst einmal mit einem entsprechenden Programm auseinandersetzen, um den Film zu schneiden und in seiner Endfassung zu erstellen. Aufgrund dieser Erfahrung könnte ich zum Beispiel in meinem zukünftigen Berufsleben problemlos weitere Filme für meinen Arbeitgeber erstellen. Wie meine Ausführungen zeigen, lernt man durch Referate und Präsentationen einen sinnvollen und gewinnbringenden Umgang mit digitalen Medien.

Als letzter positiver Effekt von Präsentationen und Referaten sollte der Erwerb von Schlüsselqualifikationen genannt werden. Eine sichere Vortragstechnik ist dabei sicherlich ein wesentlicher Aspekt. Am Ende der Vorbereitungszeit für ein Referat oder eine Präsentation steht die Vorstellung der Ergebnisse vor den Mitschülern oder sogar vor den Eltern. Dabei ist es wichtig, frei und sprachlich angemessen zu referieren und das Publikum miteinzubeziehen. Ebenso sollte auf einen strukturierten Aufbau des Vortrags geachtet werden wie auch auf eine angemessene Körperhaltung. All dies sind Fähigkeiten, die später zum Beispiel in einem Bewerbungsgespräch von Nutzen sein können. In meiner bisherigen Schulzeit fand ich die Referate immer am gelungensten, die frei gehalten und bei denen die Zuhörer eingebunden wurden. Dadurch gelang es den Vortragenden meistens, beim Publikum – auch bei weniger spannenden Themen – Interesse zu wecken. Eine weitere wichtige Schlüsselqualifikation, die bei Gruppenpräsentationen erworben wird, ist die Arbeit im Team. Wenn man als Gruppe auf ein Ziel hinarbeitet, ist es unabdingbar, dass man sich innerhalb der Gruppe darauf verständigt, wer welche Aufgaben übernimmt, und sich auch einen Zeitplan erstellt. Man muss lernen, auf die anderen Teammitglieder einzugehen und Kompromisse zu schließen. Jeder in der Gruppe ist wichtig und sollte einen Beitrag zum Gelingen des Projektes leisten. Das erfordert Rücksichtnahme und gegenseitige Absprachen. Bei der Projektpräsentation in der 9. Klasse hat die Teamarbeit in unserer Gruppe sehr gut funktioniert, da wir gleich zu Beginn die Aufgaben gleichmäßig verteilt und den Rest der Gruppe immer wieder über den Zwischenstand unserer Arbeit informiert haben. Wir haben uns auch außerhalb der Schule öfter getroffen, um an der Präsentation zu arbeiten und unseren Zeitplan einzuhalten. Es zeigt sich also, dass man bei Präsentationen und Referaten wichtige Schlüsselqualifikationen erwerben kann, die vor allem im späteren Berufsleben von Bedeutung sein können.

Trotz der vielen positiven Begleiterscheinungen sind Referate und Präsentationen nicht bei allen Schülern beliebt. Schulische Zwänge fördern sehr häufig die ablehnende Haltung der Schüler gegenüber Vorträgen vor der Klasse. Dazu zählt sicherlich die Tatsache, dass die Präsentationen benotet werden. Viele Lehrkräfte nutzen nämlich die Möglichkeit, über Referate mündliche Noten zu machen. Dies führt häufig dazu, dass die Schüler übermäßig nervös sind, wenn sie vor der Klasse ihre Ergebnisse präsentieren müssen und dabei von der Lehrkraft beobachtet werden. Nicht selten kommt es sogar vor, dass die Jugendlichen deswegen den Faden verlieren und nicht mehr weiterwissen. Besonderer Druck herrscht an unserer Schule immer bei den Projektpräsentationen der 9. Klassen, wenn diese abends vor den Eltern präsentieren müssen und die Lehrer mit gezückten Stiften und Notenbüchern in einer Reihe sitzen, um die Vorträge zu bewerten. Das ist für die Schüler wahrlich keine angenehme Situation.

Darüber hinaus kann es auch vorkommen, dass man ein Thema bearbeiten muss, das man gar nicht wollte, weil die Zuteilung der Themen unglücklich gelaufen ist oder der Lehrer dieses Thema unbedingt behandeln möchte. Dadurch fehlt häufig die notwendige Motivation des Referenten, sich intensiver mit dem Thema auseinanderzusetzen. Aufgrund dieser fehlenden Begeisterung fällt es dem Schüler dann natürlich entsprechend schwer, auch seine Klassenkameraden von diesem Stoff zu überzeugen und das Thema gewinnbringend zu vermitteln. Dies ist in unserer Klasse häufig der Fall, wenn literarische Themen als Referate bearbeitet werden müssen. So sollte ich zum Beispiel in der 9. Klasse Theodor Fontanes „Schimmelreiter" vorstellen, was mir sehr schwergefallen ist, da ich den Text kaum verstanden habe. Entsprechend lustlos und oberflächlich habe ich dann das Thema auch vorgestellt. Zusammenfassend kann man feststellen, dass schulische Zwänge ein Grund für die Unbeliebtheit von Referaten und Präsentation sein können.

Auch Probleme innerhalb der Gruppe können Gründe für die Abneigung gegenüber Gruppenpräsentationen sein. Die mangelhafte Einhaltung von Absprachen ist dabei an erster Stelle zu nennen. Bei der Arbeit im Team ist es nämlich wichtig, dass man die Aufgaben, die man übernommen hat, zuverlässig erledigt und den vorgegebenen Zeitplan einhält. Wenn sich einzelne Teammitglieder aber nicht an die getroffenen Absprachen halten, führt das dazu, dass die Gruppe in zeitlichen Verzug kommt, andere Teammitglieder die Aufgaben übernehmen müssen und die Gruppenharmonie empfindlich gestört wird. Dass eine derartige Gruppenkonstellation wenig arbeitsförderlich ist, liegt auf der Hand. Ich selbst hatte bisher immer Glück mit meinen Gruppenmitgliedern, aber in meiner Klasse gab es einmal bei einer Projektpräsentation eine Gruppe, die so unorganisiert und ineffektiv war, dass sie am Ende nur ein äußerst miserables Ergebnis abliefern konnte. Die betroffenen Mitschüler werden in Zukunft sicherlich nicht mehr gerne in Gruppen arbeiten wollen.

Des Weiteren stellt auch eine ungünstige Gruppenkonstellation ein gravierendes Problem innerhalb der Gruppe dar. Obwohl man sich in der Regel die Zusammensetzung der eigenen Gruppe aussuchen darf, kann es doch mitunter vorkommen, dass ein Schüler von der Lehrkraft zugeteilt wird, um gleichmäßige Gruppengrößen zu erreichen. Das kann zur Folge haben, dass sich dieser Schüler als Außenseiter fühlt und sich nicht in das Team integrieren möchte. Im schlimmsten Fall kann es auch dazu führen, dass er sich einer Mitarbeit verweigert und kein Interesse an einem gemeinschaftlich erarbeiteten Ergebnis zeigt. Dies beeinträchtigt dann natürlich auch das Endergebnis der gesamten Gruppe und führt zu Missmut und Frust. In meiner früheren Klasse habe ich das selbst einmal erlebt, dass niemand einen bestimmten Schüler in seiner Gruppe haben wollte. Er wurde dann von der Lehrkraft einer Gruppe zugeteilt und hat dort nur gestört und Blödsinn gemacht. Die Gruppe war dann mehr mit Konfliktlösung beschäftigt als mit der eigentlichen Präsentation.

Meine Ausführungen belegen also, dass diverse Probleme innerhalb der eigenen Gruppe zur Unbeliebtheit von Gruppenreferaten beitragen können.

Abschließend muss erwähnt werden, dass auch persönliche Gründe dazu beitragen, dass Referate und Präsentationen so unbeliebt bei Schülern sind. Der hohe Arbeitsaufwand wird dabei von Schülern immer wieder als Hauptargument angeführt. Für eine gelungene Präsentation muss sich der Einzelne bereits einige Wochen vorher Informationen beschaffen, diese auswerten und zusammenfassen und anschließend in eine sprachlich angemessene Form bringen. Zusätzlich muss eine geeignete Präsentationsform gewählt und vorbereitet werden. Selbst wenn man im Umgang mit digitalen Medien geübt ist, nimmt dies sehr viel Zeit in Anspruch. Des Weiteren muss der freie Vortrag eingeübt und unter Umständen auch ein Handout für die Mitschüler erstellt werden. Viele Schüler scheuen diesen Aufwand und nehmen lieber eine schlechtere Note in Kauf. Ich selber war meistens sehr ehrgeizig bei der Erstellung von Referaten und habe bereits Wochen vorher mit den Vorbereitungen begonnen, wodurch natürlich andere Aufgaben manchmal auf der Strecke blieben.

Aber auch die Angst vor Peinlichkeiten, denen man beim Vortrag ausgesetzt sein könnte, spielt bei der Unbeliebtheit von Referaten und Präsentationen eine große Rolle. Für viele Schüler ist es nämlich eine enorme Herausforderung, vor die Klasse zu treten und über ein Thema zu referieren. Dies ist häufig verbunden mit einem hohen Maß an Nervosität und Aufregung, das dann dazu führen kann, dass man Texthänger hat und völlig verunsichert vor den Mitschülern steht. Daneben haben viele Schüler Angst davor, dass die Technik nicht funktionieren könnte und man eventuelle Probleme nicht sofort beheben kann. Während man also verzweifelt versucht die Technik wieder in Gang zu bringen, ist man den skeptischen Blicken der Mitschüler ausgesetzt und gerät so unter noch größeren Druck. Ich selbst habe schon öfter erlebt, dass Mitschüler vor der Klasse standen und vor Aufregung ihren Text nur noch bruchstückhaft wiedergeben konnten. Man hat ihnen dabei deutlich angemerkt, wie peinlich ihnen die ganze Situation war.

Wie man also sehen kann, spielen auch persönliche Gründe eine Rolle bei der Frage nach der Beliebtheit von Referaten und Präsentationen.

Zusammenfassend lässt sich also sagen, dass Schüler während ihrer Schulzeit immer wieder alleine oder in Gruppen Referate und Präsentationen erstellen und vorstellen müssen. Sie können dabei viel für sich und ihr späteres Leben lernen. Trotzdem ruft die Ankündigung von Referaten durch die Lehrkraft oft nur Stöhnen und Proteste bei den Schülern hervor, da Präsentationen vor der Klasse oft auch sehr unbeliebt sind, wie die oben angeführten Argumente zeigen. Meiner Meinung nach sollte man aber als Schüler nicht die Möglichkeit verkennen, dass man sich durch ein Referat, das man gezielt und langfristig vorbereiten kann, in der Regel eine gute Note erarbeitet, die dann auch meist die Gesamtnote in einem Fach positiv beeinflusst.

Seite 79

So könnten Teilergebnisse als Grundlage für deinen Aufsatz aussehen:

1 In dem Ausschnitt aus dem Jugendroman „Die Mitte der Welt" von Andreas Steinhöfel (zuerst erschienen 1998) geht es um den Jugendlichen Phil, der von seiner Mutter zur Angleichung seiner Segelohren in ein Krankenhaus geschickt wird. Er fühlt sich dort recht einsam und hat Angst vor der Operation. Unterstützung findet er bei der Oberschwester und einem Mädchen, das ebenfalls wegen einer Ohrenoperation im Krankenhaus ist.

2 Phil steht kurz vor der Einschulung. Er hat abstehende Ohren, weshalb seine Mutter eine Ohrenoperation für nötig hält (Z. 4 ff.). Phil ist ein eher introvertierter Junge, der nicht viel spricht und sehr nachdenklich ist. Gleichzeitig erscheint er in manchen Situationen etwas naiv. So glaubt er etwa seiner Mutter bedingungslos, dass er mit seinen Segelohren wie Dumbo ausgelacht werden würde (Z. 155–159). Auch dem Arzt vertraut er sofort, dass die Operation nicht schmerzhaft sein würde (Z. 68–75). Oberschwester Marthe ist für ihn eine sehr wichtige Bezugsperson, da er sich im Krankenhaus sehr einsam fühlt (Z. 23–26). Letztendlich hat Phil auch etwas Liebenswürdiges an sich, weil er das kleine Mädchen, das einsam ist und seine Nähe sucht, in den Arm nimmt und beschützen möchte (Z. 198–199). Für Phil ist Amerika ein Sehnsuchtsort, da sein Vater von dort stammt und dies alles ist, was er von ihm weiß (Z. 145–150).

3 Man erkennt an den englischen Namen der Protagonisten (Phil, Dianne, Glass, Tereza) und am Ortsnamen „Visible" (Z. 83) dass der Text in einem englischsprachigen Land spielt. Da Phil Sehnsucht nach Amerika hat, wo wohl sein Vater lebt, kann die Handlung nicht in Amerika spielen (Z. 145–150, Z. 200–201).

4 *So könnte eine Auswahl von sprachlichen Mitteln aussehen:*
– Eine sprachliche Auffälligkeit im Text ist der Witz und der Sarkasmus. Das wird z. B. deutlich, als sich Schwester Marthe wegen Katja vor Phils Bett stellt und schimpft und er sich über den von ihr erwähnten „Herrgott" lustig macht: „Der Herrgott, dachte ich, musste wahrscheinlich auch keine Angst vor einer Operation haben, bei der ihm Knorpelmasse hinter den Ohren entfernt werden sollte." (Z. 223–226)
– Es herrscht eine sehr bildhafte Ausdrucksweise vor, um die Angst Phils vor dem Krankenhaus zu unterstreichen: „Die Welt war zu einem gefährlichen Ort geworden. In ihrem Zentrum warteten, wie Spinnen im Netz, gewissenlose Ärzte, die ihre Skalpelle kaltblütig an kleinen Kindern schärften." (Z. 202–205)
– Auch gibt es viele Vergleiche im Text. Die Krankenschwester vergleicht der Ich-Erzähler mit einem „Racheengel" (Z. 217–218). Die Klinikgänge werden als „neongrüne, labyrinthische Eingeweide gigantischer Krankenhäuser" beschrieben (Z. 207–209).

5 a) *So könnte deine Gliederung aussehen:*
A: Einleitung: Ein Krankenhausaufenthalt ist eine Extremsituation im Leben eines Kindes.

B: Hauptteil:
– Kinder sind in einer völlig fremden Umgebung, die auf Zeit ihr „Zuhause" ist, sie brauchen jemanden, der sich um sie kümmert (Beispiel Phil: noch nicht in der Schule und sehr weit weg von zuhause).
– Sie wissen nicht, was im Rahmen der medizinischen Versorgung auf sie zukommt (wenig Wissen über Krankheiten, Heilmethoden). Sie brauchen jemanden, der sie informiert und ihnen die Angst nimmt (Beispiel Phil: Mutter und Arzt sagen ihm nicht die Wahrheit).
– Die Eltern können z.T. nicht so oft im Krankenhaus sein und fallen dann als Bezugspersonen zeitweise aus (Beispiel Phil: Mutter wohnt zu weit weg und hasst Krankenhäuser).

C: Schluss: Glücklich sind Kinder zu schätzen, die im Krankenhaus eine solche Bezugsperson finden (wie Phil im Textausschnitt Oberschwester Marthe und Katja).

b) *Individuelle Lösungen*

Erörterung ohne Informationsmaterial zum Thema Ehrenamt: *Individuelle Lösungen*

Seite 80

So könnte dein Aufsatz aussehen:

1 Der Kommentar „Der sagenhafte, aber gefährliche Aufstieg des Smartphones" wurde von Jürgen Marks verfasst. Der Text ist am 13.09.2017 in der Augsburger Allgemeinen erschienen. In seinem Text behandelt der Autor die rasante Weiterentwicklung des Smartphones sowie die neuen, technischen Funktionen mit ihren Schattenseiten. Zu Beginn schildert der Autor, dass der amerikanische Apple-Konzern ein neues Smartphone vorgestellt hat. (Z. 1–8).
In den nächsten Zeilen wird dargestellt, dass Smartphones der Menschheit viele Möglichkeiten in Form von Landkarten, Kameras und Apps bieten. (Z. 9–22).
Aufgrund dieser Tatsache besitzen etwa 75 Prozent der Deutschen ein solches Gerät. Des Weiteren verbergen sich hinter der Nutzung des Smartphones auch Gefahren (Z. 23–33). Als Gefahren nennt der Autor Maßlosigkeit und Realitätsverlust. Hierzu schildert der Autor, dass Menschen, welche zahlreiche Facebook-Freunde haben, ziemlich einsam sein können. Dabei wäre es wichtiger, sich mit den Kontakten direkt zu befassen. (Z. 34–50).
Im weiteren Verlauf des Textes schlägt der Autor das Schulfach „Smartphone-Nutzung" vor, um die Gefahr der Überforderung eindämmen zu können. Schließlich wird geschildert, dass die technische Entwicklung des Handys erst am Anfang stehe. (Z. 51–58) In der Zukunft werden deshalb beispielsweise Ausflüge in virtuelle Welten möglich sein, wobei Erwachsene sowie Kinder überfordert sein werden. (Z. 59–73). Zum Schluss fordert der Autor, dass die richtige Nutzung des Smartphones bereits in der Schule erlernt werden müsse (Z. 74–82).

2 Bei dem vorliegenden Text handelt es sich um einen Kommentar. So stellt der Autor Jürgen Marks seinen Text in erster Linie subjektiv dar. Auch ist der Text an vielen Stellen lustig und ironisch, z.B.: „Die Gefahr im Umgang mit dem Smartphone liegt darin, dass viele das Ding so wenig beherrschen wie der Fahranfänger den Ferrari." (Z. 51–53) Außerdem bezieht sich der Text auf ein aktuelles Ereignis (Z. 1–3: „Der amerikanische Kultkonzern Apple hat am Dienstagabend sein neuestes Smartphone vorgestellt"). Zudem soll der Leser davon überzeugt werden, das Schulfach „Smartphone-Nutzung" einzuführen (Z. 56–58: „Denn es ist ein Fehler, Kindern so ein mächtiges Gerät in die Hand zu geben, ohne sie im Umgang damit zu schulen"). Auch enthält der Text Kritik am Smartphone, indem er die Probleme und Nachteile ausführlich schildert (Z. 25 ff.: „Und damit beginnen die Probleme. Denn das Smartphone kann auch Teufelszeug sein. Falsche Nutzung führt zu gefährlichen Nebenwirkungen"). Zudem weist auch die Schlussfolgerung auf einen Kommentar hin. Der Autor appelliert hier noch einmal an den Leser, dass für die richtige Handynutzung ein entsprechendes Schulfach eingeführt werden müsse (Z. 78–81).

3 Der vorliegende Text „Der sagenhafte, aber gefährliche Aufstieg des Smartphones" wurde in Standardsprache verfasst (Z. 1 ff. „Der amerikanische Kultkonzern Apple hat am Dienstagabend sein neuestes Smartphone vorgestellt"). Stellenweise ist auch Umgangssprache enthalten, (z.B. in Zeile 30 „Humbug"), aber auch Hochsprache findet sich (z.B. Z. 3–5: „Für manche Kritiker ist es schon eine Zumutung, dass so eine Banalität hier an dieser Stelle erwähnt wird"). Alle drei Sprachebenen sind jedoch für den durchschnittlichen Leser zu verstehen. Hinsichtlich des Satzbaus lassen sich in dem Kommentar ausschließlich Aussagesätze vorfinden (z.B.: Z. 34–35: „Doch wie bei allem, was Spaß macht, verbirgt sich die Gefahr in der Maßlosigkeit"), welche dem Leser zahlreiche Informationen vermitteln. Es finden sich in diesem Kommentar keinerlei Frage-, oder Ausrufesätze. Des Weiteren lassen sich zahlreiche Hypotaxen und Parataxen vorfinden. Eine Hypotaxe findet sich in den Zeilen 9 bis 12: „Nie zuvor in der Menschheitsgeschichte hat ein technisches Gerät, das weniger als 200 Gramm wiegt, unserem Leben so viele neue Möglichkeiten geschenkt.". Es werden mehrere Informationen komprimiert dargestellt. Ein Beispiel für eine Parataxe ist in den Zeilen 27 bis 28 zu finden: „Falsche Nutzung führt zu gefährlichen Nebenwirkungen." Durch die Parataxe vermittelt der Autor kurz und verständlich Sachverhalte.
Zahlreiche Stilmittel lassen sich im Text nachweisen. Der Text enthält einige Ellipsen, z.B. in den Zeilen 18–22: „Landkarten, Kameras, Radio, Fernsehen, CD-Spieler, Diktiergerät, Kompass, Bankschalter, Spielekonsole, Bücherregal, Taschenrechner, Lexikon, Reisebücher, Kochbuch, Telefon und mehr"). Das Prädikat aus dem vorangegangen Satz wird nicht mehr aufgenommen, sodass die Aufzählung noch stärker wirkt. Eine Wiederholung betont ebenfalls einen Sachverhalt, wie in den Zeilen 30 bis 32: „Denn nicht die Geräte verändern uns. Wir wollen uns verändern (…)."
Bezüglich der Wortwahl lassen sich einige aus-

drucksstarke Verben und Adjektive feststellen. Ein ausdrucksstarkes Adjektiv befindet sich in Zeile 44 („intensives Gespräch"). Durch ausdrucksstarke Adjektive gelingt es dem Autor, das Geschehen plastisch darzustellen. Ein ausdrucksstarkes Verb („schweifen lassen", Z. 48–49) macht ebenfalls den Textinhalt verständlich. Zudem lassen sich mehrfach Anglizismen finden (z.B. Z. 12–14: „Und das erklärt den Hype um das neue Modell aus Cupertino") Diese sind im Deutschen bekannt und somit leicht verständlich. Bei allen Fremdwörtern im Text handelt es sich um Anglizismen.

Schließlich ist das Stilmittel der Wortneuschöpfung (der Neologismus) vorzufinden, z.B. „Alltagshelfer" (Z. 33). Sie dienen ebenfalls der Veranschaulichung.

Eine Übertreibung findet sich in Zeile 23 ff.: „Kein Wunder, dass schon 75 Prozent der Deutschen so ein Wunderding in der Tasche haben." Ein „Wunderding" ist es nun heute nicht mehr wirklich, aber die Übertreibung betont die Funktion des Smartphones.

Einen Vergleich kann man in den Zeilen 51–53 finden („Die Gefahr im Umgang mit dem Smartphone liegt darin, dass viele das Ding so wenig beherrschen wie der Fahranfänger den Ferrari"). Dieser Vergleich dient auch der Veranschaulichung eines Sachverhalts.

4 Der Autor verfolgt mit seinem Text ein ganzes Bündel an möglichen Aussageabsichten. Zunächst werden Informationen dargeboten (Z.1 ff „Der amerikanische Kultkonzern Apple hat am Dienstagabend sein neuestes Smartphone vorgestellt"). Der Grundtenor des Textes ist Kritik an der unreflektierten Handynutzung. Zunächst stellt Marks allerdings durchaus die Vorzüge der Smartphones dar, da diese viele Funktionen besitzen. Negativ sieht der Autor allerdings die unreflektierte Nutzung des technischen Geräts. Er kritisiert, dass die Menschen zunehmend abhängiger von den praktischen Helfern werden und dadurch unselbstständiger. Besonders am Beispiel von Facebook führt er dies aus. Hier besteht eine wesentliche Gefahr der Entfernung aus der Realität.

Verbunden mit den Kritikpunkten sind mehrere Appelle. Zunächst schwingt latent die Aufforderung mit, auf die permanente Verwendung des Smartphones zu verzichten. Ebenso fordert Jürgen Marks, dass sich die Teilnehmer an sozialen Netzwerken doch eher in der Realität mit den Freunden face-to-face treffen sollten, anstatt dies in virtuellen Welten zu tun.

Am Ende fordert der Autor ganz offensiv mehr mediale Bildung. Vor allem in Form eines Schulfaches und Unterrichts sollten Kinder zum reflektierten Umgang mit den technischen Geräten erzogen werden.

5 a) *Folgende Ideen könnten in der Stoffsammlung vorkommen*:
– Haltungsschäden
– Augenschäden
– Suchtgefahr

Ausformuliertes Argument zum Punkt „Haltungsschäden":
Durch die permanente Verwendung von Smartphones besteht die Gefahr von Haltungsschäden im Bereich der Halswirbelsäule. Da durch das ständige Senken des Kopfes auf den Bildschirm des Smartphones eine bestimmte Fehlstellung bzw. Haltung der Wirbelsäule provoziert wird, bilden sich Schmerzen in diesem Bereich aus, da dies nicht der natürlichen Körperhaltung entspricht.

Ärzte behandeln im Vergleich zum Zeitraum von vor zehn Jahren deutlich mehr Personen, die an derartigen Beschwerden leiden. Dies zeigt, dass die permanente Verwendung der Smartphones zu Haltungsschäden führen kann.

b) *Individuelle Lösungen*

Diagramm II

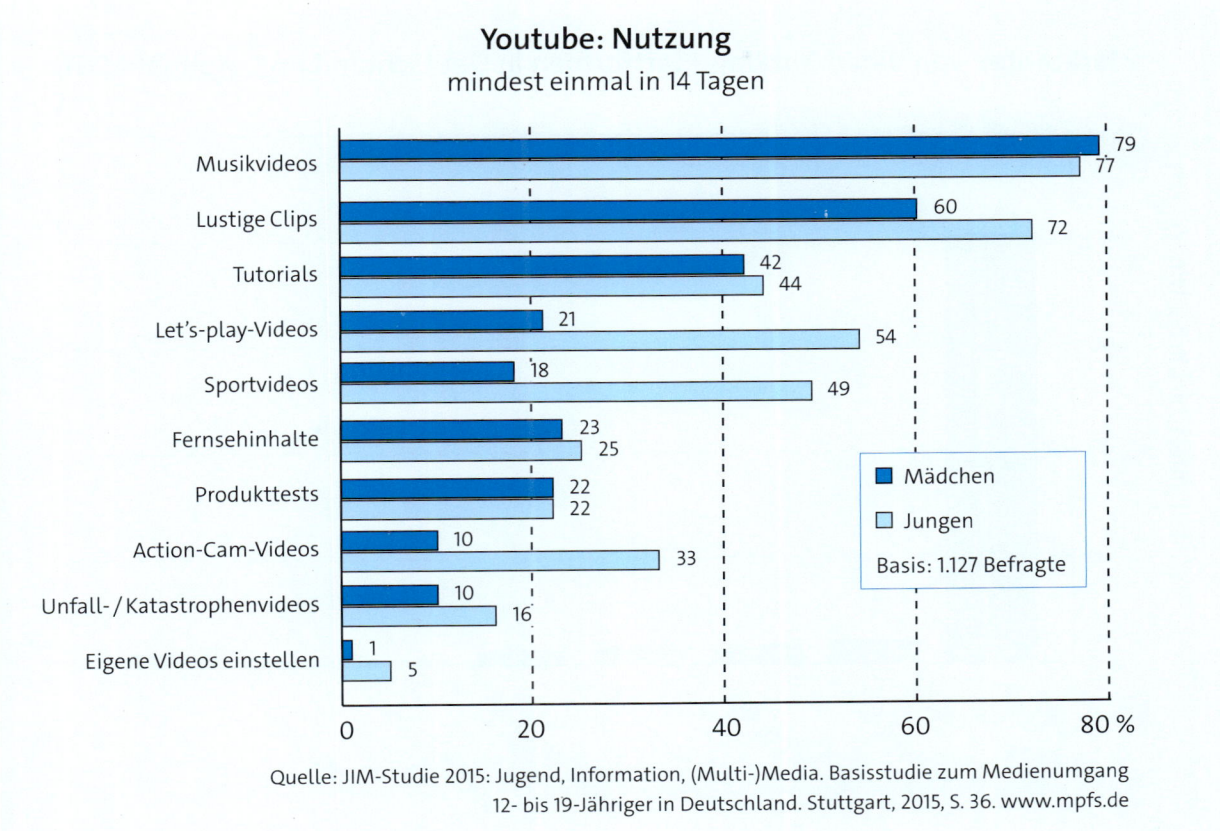

Quelle: JIM-Studie 2015: Jugend, Information, (Multi-)Media. Basisstudie zum Medienumgang 12- bis 19-Jähriger in Deutschland. Stuttgart, 2015, S. 36. www.mpfs.de

16 a) Wie unterscheidet sich die Nutzung von Youtube bei Jungen und Mädchen?

___

b) Kreuze das/die passende/n Kästchen an.

Diagramm II ist geeignet für:

☐ Einleitung
☐ Themafrage 1
☐ Themafrage 2
☐ Schluss
☐ ungeeignet

1 Erörterung mit Informationsmaterial

Diagramm III

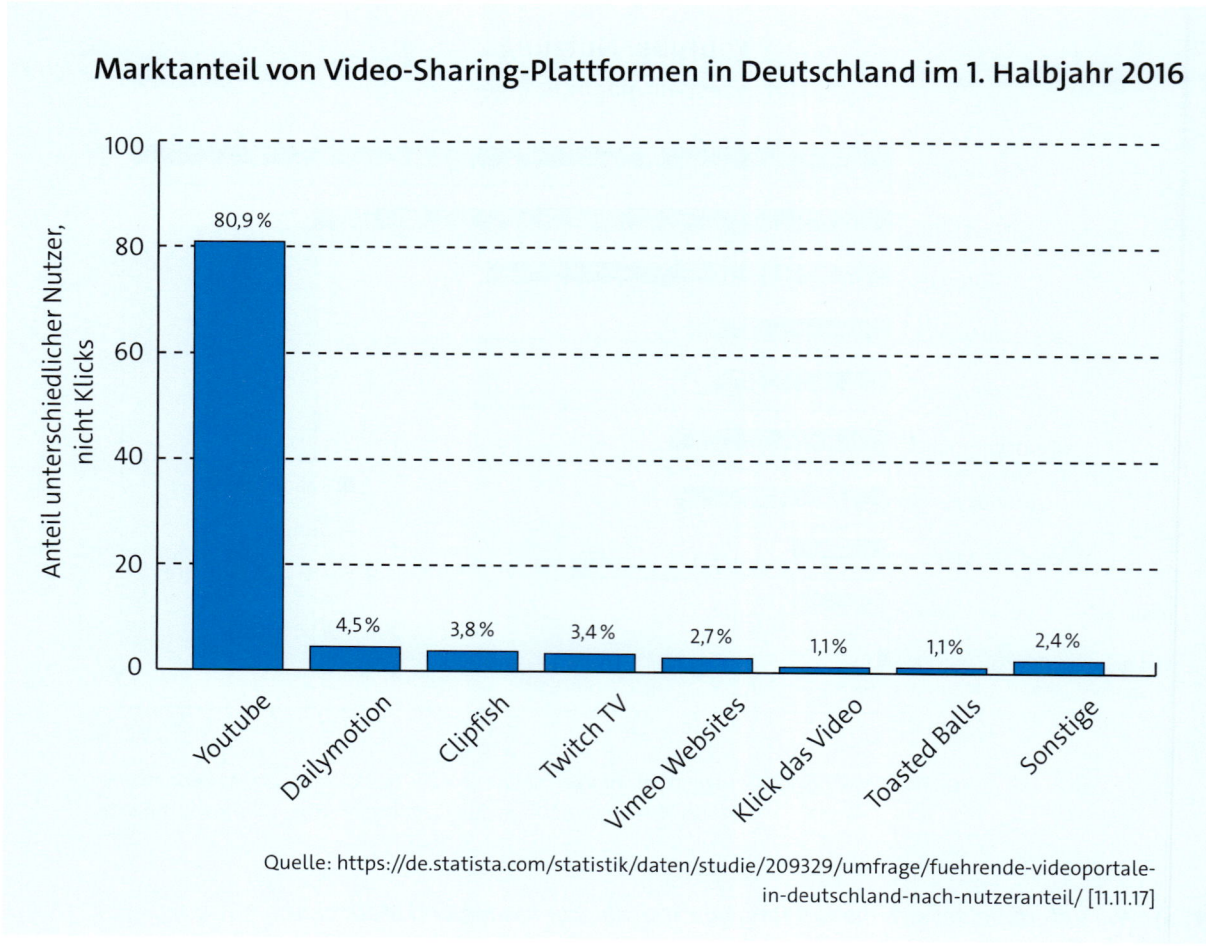

17 a) *Formuliere die Hauptaussage von Diagramm III.*

_____

_____

_____

b) *Kreuze das/die passende/n Kästchen an.*

Diagramm III ist geeignet für:

☐ Einleitung ☐ Themafrage 2 ☐ ungeeignet

☐ Themafrage 1 ☐ Schluss

18 *Warum ist Diagramm IV (S. 33) für die Verwendung in deiner Erörterung nicht geeignet?*

_____

_____

_____

Diagramm IV

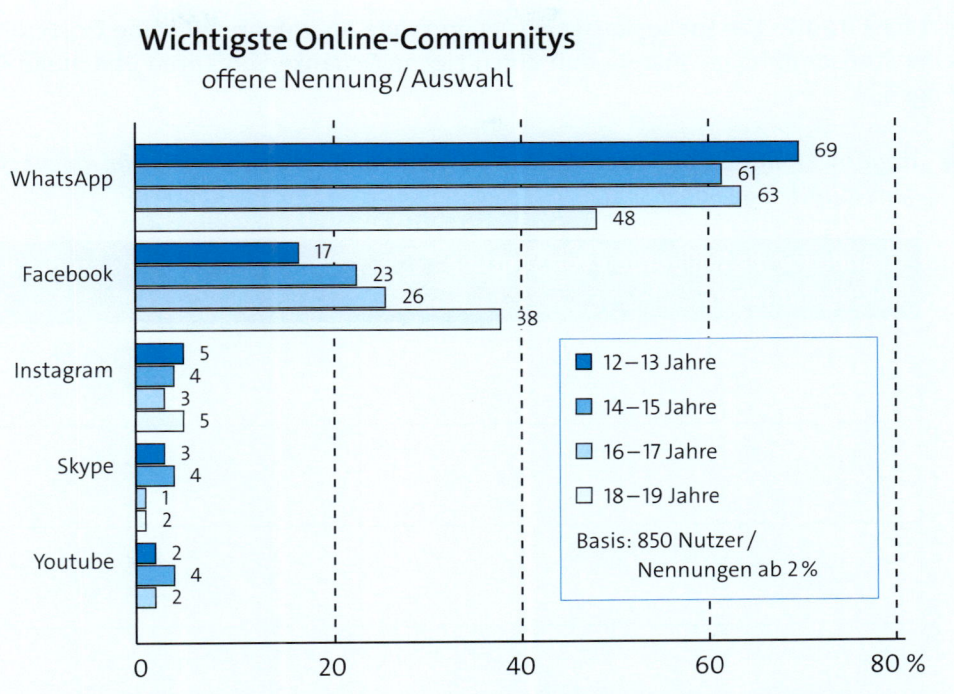

Quelle: JIM-Studie 2015: Jugend, Information, (Multi-)Media. Basisstudie zum Medienumgang 12- bis 19-Jähriger in Deutschland. Stuttgart, 2015, S. 39. www.mpfs.de

Du hast nun die Materialien zur Aufgabenstellung (S. 19) mithilfe vieler verschiedener Aufgaben erschlossen. In der Prüfung musst du die Materialien ohne Hilfe selbst erschließen. Folgender Infokasten fasst die wichtigsten Schritte zusammen, die du gehen musst:

> **Info**
>
> **Materialien auswerten**
> Bei der **materialgebundenen Erörterung** wählst du aus den Materialien **Fakten** und **Argumente** für deine **Stoffsammlung** aus. Gehe so vor:
> 1. Verschaffe dir zuerst einen **Überblick** über alle Materialien.
> 2. **Lies** die Texte und Grafiken **gründlich** und überlege, welche Angaben für dein Thema wirklich brauchbar sind.
> 3. **Markiere und unterstreiche Textstellen**, in denen Informationen/ Gedanken stehen, die du in deinem Aufsatz verwenden möchtest.
> 4. **Markiere in verschiedenen Farben**:
>   Was kannst du für die **Einleitung** verwenden?
>   Welches Material ist für die **erste Themafrage** geeignet?
>   Welches Material hilft bei der Beantwortung der **zweiten Themafrage**?
>   Welche Gedanken oder Fakten kannst du für den **Schluss** verwenden?
> 5. Notiere/Markiere am Rand **Textstellen**, die du im Aufsatz verwenden möchtest.

1 Erörterung mit Informationsmaterial

Informationen strukturieren – eine Gliederung erstellen

Jetzt hast du alle Materialien ausgewertet und viele Argumente für deine Erörterung gesammelt. Deine Stoffsammlung sollst du nun durch eigene Gedanken ergänzen und in die Form einer Gliederung bringen.

1 *Trage in die Tabelle alle Aspekte aus den Materialien stichwortartig ein, die als Gliederungspunkte für den Hauptteil geeignet sind.*

Gründe für die Beliebtheit von Youtube bei Jugendlichen	Negative Folgen des Einflusses von Youtube

2 *In einer materialgestützten Erörterung solltest du außerdem eigene Aspekte anführen, die nicht im Material auftauchen. Ergänze solche Punkte in der Tabelle in einer anderen Farbe.*

3 *Erstelle nun eine Gliederung mit mindestens vier Gliederungspunkten pro Themafrage. Beachte den Infokasten und orientiere dich auch an dem, was du bereits bei der Erörterung ohne Material gelernt hast.*

Info

Eine Gliederung verfassen
In die **Gliederung** gehören nur **wichtige Punkte**, die du später als Behauptungen deiner Argumentation nutzen wirst, jedoch keine Begründungen und Beispiele. Formuliere die Gliederungspunkte **einheitlich, möglichst im Nominalstil**, und ordne sie in einer **sinnvollen Reihenfolge**. Einleitung und Schluss werden in der Gliederung in einem kurzen Aussagesatz formuliert.

1 Die Einleitung schreiben

Gliederung

Einleitung _____

Hauptteil

Themafrage 1 _____

1 _____

2 _____

3 _____

4 _____

Themafrage 2 _____

1 _____

2 _____

3 _____

4 _____

Schluss _____

Die Einleitung schreiben

Für die Einleitung und den Schluss des Aufsatzes kannst du Infos aus den Materialien nutzen. Markiere beim Lesen entsprechende Stellen in den Materialien (z. B. in einer Farbe für die Einleitung und in einer anderen Farbe für den Schluss) und/oder mache dir Notizen. Beachte: Die Einleitung soll zum Thema hinführen, darf aber noch keine Argumente aus dem Hauptteil vorwegnehmen.

1 a) *Überlege dir anhand deiner Arbeitsergebnisse, welche Materialien (S. 20–33) für die Einleitung deiner Erörterung in Frage kommen. Kreuze Zutreffendes an.*

> **Tipp**
> Es kommen Aspekte aus mindestens 2 Materialien in Frage.

Für die Einleitung sind besonders gut geeignet: die Materialien

☐ 1 ☐ 2 ☐ 3 ☐ 4 ☐ 5 ☐ 6
☐ 7 ☐ 8 ☐ 9 ☐ 10 ☐ 11 ☐ 12 ☐ 13

35

Erörterung mit Informationsmaterial

b) Von den folgenden Formulierungen ist nur eine als Einleitungssatz in der Gliederung geeignet. Kreuze das passende Kästchen an.

☐ a) Youtube wird immer beliebter.

☐ b) Youtube ist mit knapp 81 % Marktanteil die reichweitenstärkste Videoplattform Deutschlands.

☐ c) Junge Leute nutzen Youtube häufiger als Erwachsene.

2 Verfasse eine Einleitung, schreibe in dein Heft. Du kannst aus folgenden Stichpunkten auswählen.

- Youtube wurde im Jahr 2005 von drei Amerikanern gegründet und ist heute das erfolgreichste Videoportal (Material 1, Lexikonartikel Westdeutscher Rundfunk).

- Angela Merkel lässt sich vor der Bundestagswahl von Youtube-Bloggern interviewen (Material 6, Online-Artikel auf süddeutsche.de mit Verlinkung zum Youtube-Video).

- Eine Statistik zeigt, dass Youtube mit knapp 81 % Marktanteil die reichweitenstärkste Videoplattform Deutschlands ist (Material 13, Statistik zum Marktanteil von Video-Sharing-Plattformen in Deutschland im ersten Halbjahr von 2016).

> **Tipp**
> Erwähne in deiner Einleitung auch, aus welchem Material die Informationen stammen. Schließe deine Einleitung mit einer logischen Überleitung zu den beiden Themenfragen.

Die Argumentationen für den Hauptteil ausarbeiten

Die umfangreichste Aufgabe beim Schreiben einer Erörterung ist das Ausformulieren des Hauptteils. Im Hauptteil stellst du die zentralen Punkte der Erörterung schriftlich dar.

> **Info**
> **Den Hauptteil der Erörterung formulieren**
> Zu jedem Punkt deiner Gliederung musst du eine **vollständige Argumentation** ausformulieren. Berücksichtige dabei die „drei B und ein A": **Behauptung – Begründung – Beispiel/Beleg – Abrundung**. Das zur Verfügung gestellte Material bietet meist nicht die Grundlage für eine vollständige Erörterung. Du kannst bzw. musst also auch weitere Behauptungen, Begründungen oder Beispiele ergänzen. In der **Abrundung** der Argumentation sollte eine **Rückführung** den Bogen zum Ausgangspunkt spannen oder du kannst deine **eigene Schlussfolgerung** ziehen.

1 a) Markiere in der folgenden Argumentation die Behauptung, unterstreiche die Begründung und kennzeichne Beispiele durch Umkreisen.

> Die JIM-Studie 2015 hat ergeben, dass knapp 60 % der Jugendlichen Youtube zur Informationsbeschaffung nutzen (vgl. Material 13). Denn die Möglichkeit, Auskunft über das aktuelle Tagesgeschehen in Form von kurzen Videos zu erhalten, ist besonders einfach. Anstatt in Zeitungen lange nach gewünschten Artikeln stöbern zu müssen, bietet Youtube ein breites Spektrum an Beiträgen, die über das gewünschte Thema aufklären, und ebenso gestaltet sich die Suche nach gewünschten Bekanntmachungen als äußerst unkompliziert. Deshalb wählen auch viele Jugendliche Plattformen aus, um sich politisch zu bilden, und ziehen diese den klassischen Printmedien vor. So lässt sich beispielsweise eine Befragung der Bundeskanzlerin Angela Merkel „zu Themen wie dem Dieselskandal, der Nordkorea-Krise oder Sozialer Gerechtigkeit" (vgl. Material 6) finden, die von vier populären Videobloggern durchgeführt wurde.

Die Argumentationen für den Hauptteil ausarbeiten

b) *Ergänze Informationen aus Material 8 (S. 25), die sich als weitere Beispiele eignen.*

_____

_____

_____

2 a) *Ergänze die folgende Behauptung zu einer vollständigen Argumentation. Nutze die Materialien. Die Anregungen im Wortspeicher helfen dir dabei.*

> Ein weiterer Grund, warum Youtube bei Jugendlichen so beliebt ist, ist die Möglichkeit zur Selbstverwirklichung.

_____

_____

_____

_____

_____

Tipp
Vorsicht, zwei Aspekte im Wortspeicher passen nicht!

Raum lassen • Verknüpfung der Inhalte mit anderen sozialen Netzwerken • Möglichkeit zur Präsentation von Markenwerbung • Teilen von Talenten • Individualität zeigen • sich anderen mitteilen • Darstellung von Dingen, die einen bewegen • sich von anderen abgrenzen • viele Abonnenten • seiner Stimme Ausdruck verleihen • Meinungsfreiheit

b) *Warum kann die Argumentation von Teilaufgabe a) nicht die erste Argumentation des Aufsatzes sein? Markiere das entsprechende Wort im Satz.*

c) *Stelle dir vor, die Argumentation aus Teilaufgabe a) möchtest du als erste Argumentation in deinem Aufsatz verwenden. Wie müsstest du umformulieren?*

_____

_____

3 *In der folgenden Argumentation hat ein Schüler ungeeignetes Material verwendet.*
a) *Lies die Argumentation und markiere zunächst die Behauptung.*

> Weiterhin stellen die Nahbarkeit der Youtuber und die Tatsache, dass sie dadurch als Vorbilder fungieren, zentrale Aspekte dar, warum die Plattform bei Jugendlichen ein so hohes Ansehen genießt. Dies liegt sicherlich auch daran, dass 60 % der Mädchen und 72 % der Jungen das Videoportal nutzen, um lustige Clips anzusehen (vgl. Material 13, JIM-Befragung). So trennt Youtube, wie man Material 11 entnehmen kann, laut eines Online-Artikels der Süddeutschen Zeitung, durch Algorithmen Nutzer mit unterschiedlichen Meinungen.

1 Erörterung mit Informationsmaterial

b) *Erkläre auf den Linien kurz, warum beide Male die verwendeten Materialien zur Begründung nicht geeignet sind.*

Material 11 ist nicht geeignet, weil

_____

Material 13 ist nicht geeignet, weil

_____

c) *In Material 2 und 12 (S. 21 und 29) finden sich Aussagen, mit denen sich die Behauptung aus Teilaufgabe a) sinnvoll begründen lässt. Überarbeite die Argumentation.*

_____
_____
_____
_____
_____
_____
_____
_____

Richtig zitieren

Wenn du in deiner Erörterung Informationen oder sogar ganze Sätze wörtlich aus den Materialien übernimmst, musst du die Quellen angeben bzw. die Zitierregeln einhalten.

1 a) *Lies den Infokasten zur korrekten Angabe von Quellen und zum Zitieren.*

Info

Quellen und Zitieren
Bei der Verwendung von Material musst du deutlich machen, **woher** die Informationen stammen. Halte folgende Regeln ein:
1) Die **Quellenangabe** (z. B.: *Material 13, JIM-Befragung*) kannst du in den Textfluss einbauen oder in Klammern angeben.
2) **Informationen zur Quelle** findest du in den Texten und Schaubildern selbst. Deshalb musst du sie genau lesen. Bei Schaubildern/Diagrammen sind die Legenden besonders wichtig.
So kannst du z.B. etwas erfahren über die Altersgruppen, die bei einer Umfrage angesprochen wurden (vgl. Material 3), welche Aussagen Fachleute über eine Institution wie Youtube machen (vgl. Material 11) oder was Jugendliche in einem Chat schreiben (vgl. Material 4).
3) Wörtlich übernommene Textinformationen müssen wie jedes **Zitat** in Anführungszeichen stehen. Achte darauf, keine langen Textstellen aus dem Material abzuschreiben. Auslassungen in Zitaten werden durch (...) oder [...] gekennzeichnet.

Richtig zitieren

b) *Ordne den folgenden Sätzen aus einer Schülererörterung die Nummer(n) der passenden Regel(n) aus dem Infokasten in Teilaufgabe a) zu. Beachte: Oft müssen mehrere Regeln gleichzeitig beachtet werden. Liste die Nummern in der Reihenfolge auf, in der die Regeln angewendet werden.*

Aussagen	Regel(n)
A Youtube wird am häufigsten verwendet, um Musikvideos anzusehen (vgl. Material 13, JIM-Befragung).	
B Laut Fachliteratur zur „Mediengeschichte Onlinemedien" nutzen bereits 80 Prozent der 14- bis 29-Jährigen soziale Netzwerke (vgl. Material 3).	
C So wird beispielsweise auch in Material 4 von Teilnehmern eines Chats berichtet, dass Youtube zur Selbstdarstellung dient.	
D Youtube-Videos können zudem einen entscheidenden Beitrag zur Schulbildung leisten. In einem Interview der Fachzeitschrift didacta sagt Daniel Jung: „In kurzen Erklärvideos bringe ich (…) den Stoff auf den Punkt, leicht und verständlich." (Material 9)	

2 a) *Ordne den folgenden Fehlertypen (1–3) die fehlerhaften Beispielsätze (A–C) zu, indem du sie verbindest.*

A So hat eine Umfrage im Rahmen der JIM-Studie ergeben, dass 72 % der Mädchen Youtube nutzen, um lustige Clips anzusehen.	1 Unpassende Formulierung der Quellenangabe
B Material 2 hat festgestellt, dass Youtuber Fernsehstars zum Anfassen sind.	2 Ein Zitat aus dem Material ist nicht gekennzeichnet.
C Hinzu kommt, dass Daniel Jung den Stoff in kurzen Erklärvideos auf den Punkt bringt, leicht und verständlich (Material 9, Interview).	3 Der Inhalt des Materials wird falsch wiedergegeben.

b) *Verbessere die fehlerhaften Sätze A–C.*

1 Erörterung mit Informationsmaterial

Den Schluss formulieren

Worauf es beim Schreiben eines Schlusses ankommt, ist in folgendem Infokasten zusammengefasst.

> **Info**
>
> **Den Schluss formulieren**
> Im **Schlussteil** rundet man den Aufsatz ab. Hier kann man **Stellung zum Thema beziehen** oder **Wünsche, Bitten oder Forderungen** zum Ausdruck bringen. Du darfst aber keine neuen Argumente mehr anführen.

Bearbeite die folgende Aufgabe.

1 a) Der folgende Schluss eines Schülers ist noch nicht gelungen. Lies zunächst seinen Text.

> Die vorliegende Erörterung zeigt zahlreiche Gründe auf, warum sich Youtube bei Jugendlichen so großer Beliebtheit erfreut, und erläutert, welche negativen Folgen der Einfluss dieser Videoplattform auf junge Menschen haben kann. Nicht zu vergessen ist aber, dass <u>die meisten Teenager gar nicht so viel Zeit im Internet verbringen</u>. So verwendeten nur <u>5 %</u> der im Jahr 2015 befragten <u>Kinder</u> Youtube als wichtigstes <u>Online-Kommunikationsmittel</u>. <u>Trotzdem sollten Jugendliche nicht so viel Zeit in sozialen Netzwerken, vor allem in Videoportalen, verbringen, denn sonst haben sie keine Zeit mehr für ihr reales Leben.</u>

b) Überarbeite den Text. Ändere an den Stellen, die unterstrichen sind. Dazu kannst du z. B. Aussagen aus Material 13 nutzen. Schreibe in dein Heft.

Eine Erörterung mit Informationsmaterial verfassen

1 Verfasse nun mithilfe deiner Gliederung eine Erörterung mit Einleitung und Schluss. Zu jeder Themafrage solltest du mindestens vier Argumentationen entfalten. Du kannst bereits erarbeitete Teile der Erörterung verwenden.

> **Prüfungstipps**
> - Baue **eigene Gedankengänge** ein.
> - Verbinde alle deine Teile durch **Überleitungen**.
> - Gliedere deinen Aufsatz in **Absätze** und **strukturiere** ihn übersichtlich.
> - Achte auf einen **sachlichen und abwechslungsreichen** Stil.

2 Überarbeite deinen Text. Verwende folgende Checkliste.

> **Checkliste**
>
> Überprüfe die Rechtschreibung, insbesondere auf ...
>
> Groß- und Kleinschreibung. ☐
> die Schreibung von *dass* und *das*. ☐
> Kommas in Satzgefügen. ☐
>
> Achte darauf, dass ...
> die Sätze vollständig sind. ☐
> die Satzstellung richtig ist. ☐
> Ausdruck und Wortwahl das zum Ausdruck bringen, was du sagen möchtest. ☐
>
> Überprüfe, ob du alle Aufgabenteile bearbeitet hast:
>
> a) Überschrift ☐
> b) Einleitung ☐
> c) ☐
> ...

2. Übungen zur Aufgabengruppe B

Der Textgebundene Aufsatz (TGA)

Welche Aufgabenstellung erwartet mich?

Wenn du den Textgebundenen Aufsatz wählst, musst du in der Regel fünf Teilaufgaben zu einem Text bearbeiten. Die Ergebnisse stellst du in einem Aufsatz dar, der aus Einleitung, Hauptteil und Schluss besteht.

> **Prüfungstipp**
>
> Du musst aus einer Auswahl von Texten einen mit seiner Aufgabenstellung auswählen. Lies deshalb zunächst alle Texte mit den dazugehörigen Aufgaben. Entscheide dich für den Text / das Thema, zu dem du das meiste Vorwissen hast. Achte auch auf die Anforderungen der Teilaufgaben.

1 a) So könnte eine Aufgabenstellung zum Textgebundenen Aufsatz in der Prüfung aussehen. Lies diese zunächst komplett.

Aufgabenstellung:

Lesen Sie den Text sorgfältig durch und bearbeiten Sie dann die folgenden Aufgaben. Bei Nummer 5 können Sie a) oder b) wählen.

1. Fassen Sie den Inhalt des Textes so zusammen, dass der Textaufbau erkennbar wird.
2. Weisen Sie nach, um welche Textsorte es sich handelt.
3. Stellen Sie wichtige sprachliche Mittel und die damit beabsichtigte Wirkung dar.
4. Beschreiben Sie auffällige Elemente des Textäußeren und gehen Sie dabei auch auf die Funktion ein.
5. a) Erörtern Sie, warum ausgefallene Freizeitbeschäftigungen in der heutigen Zeit einen so großen Zulauf haben.

oder

b) Bitten Sie in einem Brief an die Schulleitung mit überzeugenden Argumenten um die Einführung des Wahlfachs „Bergsteigen" an Ihrer Schule.

b) Wie könnte eine grobe Gliederung für den verlangten Aufsatz aussehen? Schreibe auf die Linien.

1. *Einleitung* _____
2. _____
3. _____

> **Tipp**
>
> Achte auf die korrekte Nummerierung der einzelnen Gliederungspunkte.

2 Der Textgebundene Aufsatz (TGA)

c) *Lies folgende Übersicht zum Aufbau eines TGA. Überarbeite dann – wenn nötig – deine Gliederung aus Teilaufgabe b).*

Aufbau eines TGA	
Einzelne Bestandteile	**Über was muss ich schreiben?**
A: Einleitung	Du musst Informationen zum Text nennen: – Angaben zur Verfasserin / zum Verfasser – Titel des Textes (ggf. Quellenangabe) – Textsorte – Kernsatz
B: Textanalyse und weiterführende Aufgabe	
1. Zusammenfassen des Inhalts	– Benenne die Sinnabschnitte mit Zeilenangaben (Textstruktur). – Gib den Text in wenigen Sätzen wieder (kurze Inhaltsangabe).
2. Bestimmen der Textsorte	Diese Teilaufgabe verlangt von dir, die Textsorte zu bestimmen und deine Behauptung anhand von Textstellen zu belegen. Mögliche Textsorten: Kurzgeschichte, Erzählung, Romanauszug, Reportage, Bericht, Glosse, Kommentar, Satire
3. Beschreiben der sprachlichen Besonderheiten / Sprachanalyse	Hier sollst du sprachliche Besonderheiten darstellen. Folgende Aspekte müssen bearbeitet werden: – Sprachebene (Umgangssprache, Fachsprache ...) – Satzbau/Satzarten – Wortwahl – Stilmittel Wichtig sind wieder die Nennung von Textbelegen und die Beschreibung der Wirkung gefundener Merkmale.
4. Aussageabsicht der Autorin / des Autors und Beschreibung der Zielgruppe	Hier stellst du dar, welche Aussagen die Autorin / der Autor mit dem Text treffen will. Oft wird damit die Frage nach der Zielgruppe kombiniert. Hier sollen Vermutungen darüber angestellt werden, für welchen Personenkreis der Text geschrieben wurde (Adressat).
5. Charakterisierung einer Hauptfigur	Du musst alle Aspekte des Textes einbeziehen, welche die Hauptfigur betreffen (meist bei literarischen Texten).
6. Beschreiben des Textäußeren / des Layouts	Beschreibe die äußere Gestaltung und Aufmachung des Textes (z. B. Abbildungen, Überschriften, Absätze) und die beabsichtigte Wirkung.
7. Weiterführende Aufgabe(n)	Hier können dir verschiedene Aufgabentypen begegnen z. B.,: – kurze Erörterung zum Thema des Textes – Leserbrief als argumentatives Schreiben – Innerer Monolog – Dialog – eigenes Ende verfassen (Text weiterschreiben)
C: Schluss	Hier schreibst du eine eigene Stellungnahme zum Text (Warum hat dir der Text gefallen/nicht gefallen?).

2 Den Text lesen und markieren

Den Text lesen und markieren

Bevor du die Teilaufgaben zum Text erledigen kannst, musst du zunächst den Text sehr gründlich lesen und dir beim Lesen Notizen machen bzw. wichtige Stellen markieren.

1 *Lies zunächst den Infokasten, dort werden die wichtigsten Schritte für dich zusammengefasst.*

Info

Einen Text lesen und markieren

Sich einen Überblick verschaffen
Durch die Überschrift eines Textes sowie etwaige Abbildungen kannst du dir einen ersten Eindruck vom Thema eines Textes verschaffen. Wichtige Informationen stehen oft direkt am Anfang eines Textes.

Informationen in Texten markieren
Beim Lesen des Textes solltest du wichtige Begriffe (Schlüsselwörter) und Textteile markieren.
Gehe gezielt vor:
— Markiere systematisch, z. B. mit unterschiedlichen Farben oder unterschiedlichen Arten der Markierung.
— Lies den Text im Hinblick auf die Aufgabenstellung/-en.

Schwierige und unbekannte Begriffe klären
Begriffe, die du nicht kennst oder nicht auf Anhieb verstehst, solltest du dir markieren und mit einem Fragezeichen am Rand versehen. Vielleicht erschließt sich dir die Bedeutung später aus dem Textzusammenhang oder du schlägst das Wort im Wörterbuch nach.

2 *Lies nun den Text „Verloren in der Antarktis" mit einem Stift in der Hand und wende die im Infokasten beschriebenen Schritte an.*

Verloren in der Antarktis *Kerstin Viering*

Vor 100 Jahren erlebten Ernest Shackleton und seine Begleiter auf dem Schiff „Endurance" eine der dramatischsten Reisen der Polarforschung.

(1) Ein unheimliches Krachen zerriss die eisige Stille, das Splittern hölzerner Planken. Da muss Ernest Shackleton klar geworden sein, dass es für die „Endurance" kein Entrinnen mehr gab. Schon seit Monaten war das Expeditionsschiff in den unberechenbaren Gewässern der Antarktis festgefroren. Nun, am 14. Oktober 1915, gab der Rumpf dem gewaltigen Druck des Packeises nach. Shackleton ließ die Schlittenhunde, Rettungsboote und Vorräte aufs Eis schaffen. Am 27. Oktober musste das Schiff evakuiert werden, am 21. November versank es wie ein Stein in den eisigen Fluten. Es war das Ende eines Traums: Statt Ruhm und Ehre schien die Entdeckungsreisenden der Tod zu erwarten.

(2) Dabei wollte Ernest Shackleton doch eigentlich ein neues Kapitel in der Geschichte der Polarforschung schreiben. Denn den Südpol hatten schon andere erreicht, den Nordpol angeblich auch. Shackleton wollte als Erster die Antarktis durchqueren. Ein Teil der Expeditionsteilnehmer sollte mit der „Endurance" unter Shackletons Kommando ins Weddellmeer fahren und von dort an der Küste landen. Von da aus wollten die Männer mit Hunden und Motorschlitten quer durch den Kontinent bis zum Rossmeer gelangen – inklusive Südpolbesuch. Klar war, dass sie nicht genügend Proviant für den ganzen Weg mitschleppen konnten. Also sollte eine zweite Gruppe mit dem Schiff „Aurora" ins Rossmeer fahren, ihren Kollegen von der dortigen Küste aus entgegengehen und unterwegs Versorgungsdepots anlegen. An Bewerbern für die Expedition fehlte es nicht: Mehr als 5 000 Abenteuerlustige meldeten sich, 56 davon bekamen schließlich eine Zusage.

(3) Am 8. August 1914 legte die „Endurance" im englischen Hafen Plymouth ab, am 5. Dezember verließ sie nach einem langen Zwischenstopp die Walfänger-Station Grytviken auf der Insel South Georgia. Dann aber machte das unberechenbare Packeis der Expedition einen lebensgefährlichen Strich durch die Rechnung. Immer enger wurden die Kanäle zwischen den Schollen, immer schwieriger wurde es, das Schiff durch dieses Labyrinth zu manövrieren. Und am 18. Januar 1915 fror die „Endurance" fest. Alle Versuche, mit Meißeln, Hacken und Sägen

doch noch einen Weg durch die weißen Massen zu brechen, schlugen fehl. Die Männer saßen im antarktischen Weddellmeer fest und der endlose Polarwinter stand bevor. Erst Monate später würde das Schiff wieder freikommen – wenn überhaupt.

(4) Wie sollte man nicht den Verstand verlieren, wenn man am eisigen Ende der Welt festsaß? Shackleton setzte der Langeweile Theateraufführungen und Fußballspiele auf dem Eis entgegen, Schlittenhunderennen und Geburtstagsfeiern. Monatelang ging alles einigermaßen gut. Bis die Kräfte des Eises zu stark wurden und das Schiff zerbrachen. Danach zelteten die Polarforscher auf dem Eis. Gejagte Robben und Pinguine kamen auf die Teller, das Fett der Tiere lieferte Brennstoff für die Öfen. Und wieder kämpften die Männer mit Spielen und Musik gegen die Eintönigkeit der Tage. Derweil ging der kurze antarktische Sommer vorüber und sie drifteten weiter nach Norden. Die Eisscholle, auf der sie hockten, war mit den steigenden Temperaturen geschrumpft und drohte zu zerbrechen.

(5) Die Männer mussten ein neues Wagnis eingehen. Am 9. April 1916 kletterten sie in ihre drei Rettungsboote und nahmen den Kampf gegen die eisigen Fluten und Stürme des Südpolarmeeres auf. Die Temperaturen sanken teils bis auf minus 30 Grad Celsius, eisige Wassermassen schwappten über Bord und durchnässten die Besatzung bis auf die Haut. Und dann waren da noch die auch als „Killerwale" bekannten Orcas: „Schiffbrüchige Seeleute, die im Arktischen Ozean treiben, sind aus Sicht der Killer wahrscheinlich etwas, von dem sie nicht zu träumen gewagt haben", schrieb Shackleton. „Bei genauerer Untersuchung könnten sie diese als schmackhaften Ersatz für Robben und Pinguine betrachten." Sechs Tage später war der Höllentrip zu Ende: Die Männer erreichten die unbewohnte, abgelegene Insel Elephant Island. Pinguine, Robben, Felsen und Eis waren aber das Einzige, was die Insel zu bieten hatte. Zurück in die Zivilisation konnten sie nur, wenn sie South Georgia mit seinen Walfängern erreichten. Das bedeutete weitere 1 300 Kilometer eisiges Meer mit turmhohen Wellen. Wenn sie nicht auf Elephant Island sterben wollten, mussten sie es versuchen.

(6) Am 24. April 1916 bestieg Shackleton mit fünf Begleitern eines der Boote und nahm Kurs auf South Georgia, um Hilfe zu holen. Mehr als zwei Wochen lang kämpfte sich die nicht einmal sieben Meter lange „James Caird" durch Kälte und Stürme. „Die ständige Bewegung des Bootes machte das Ruhen unmöglich; wir waren durchgefroren, uns tat alles weh, und wir hatten Angst", berichtete Shackleton in seinem drei Jahre später erschienenen Buch „South".

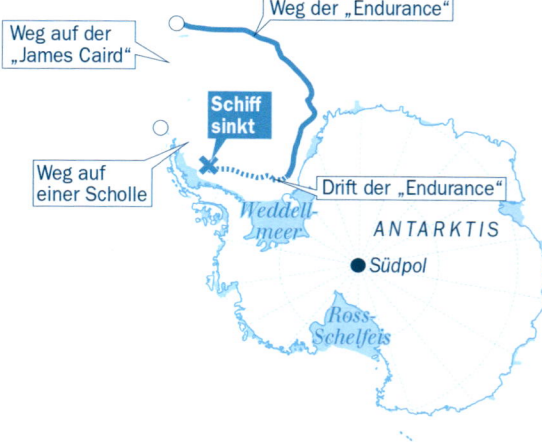

Doch am 10. Mai 1916 kam das Boot tatsächlich auf South Georgia an. Nur leider auf der falschen Seite. Zwischen dem Landeplatz und der Walfangstation lagen Gletscher und tausend Meter hohe Berge. Doch Aufgeben kam nicht infrage. Drei der Männer blieben am Strand zurück, während Shackleton und die beiden übrigen in einem 36-stündigen Marsch das Inselinnere durchquerten.

(7) „Draußen sind drei komisch aussehende Männer, die sagen, dass sie über die Insel gekommen sind und Sie kennen", meldete der Vorarbeiter dem Leiter der Walfangstation, Thoralf Sørlle. Der glaubte seinen Augen kaum, als er dem längst tot geglaubten Polarforscher gegenüberstand. „Kommt rein, kommt rein", drängte der Norweger. Doch Shackleton zögerte: „Ich fürchte, wir riechen." Für den Rest der Mannschaft, der immer noch an zwei unwirtlichen Orten festsaß, sollte das Warten bald ein Ende haben. Zunächst wurde ein Walfänger-Schiff zur anderen Seite der Insel geschickt, um die dort Zurückgelassenen abzuholen. Und am 30. August 1916 gelang schließlich auch die Evakuierung der 22 Männer von Elephant Island. Alle Polarforscher hatten also überlebt. [...]

(Quelle: Viering, Kerstin: Verloren in der Antarktis. Aus: Berliner Zeitung, Nr. 262, 10.11.2015, S. 12)

Den Inhalt zusammenfassen

Die erste Teilaufgabe im TGA verlangt in der Regel eine Inhaltsangabe. Um eine gute Zusammenfassung des Inhalts schreiben zu können, musst du den Text inhaltlich erfasst haben. Folgende Aufgaben helfen dir dabei. Lies bei Bedarf im Text „Verloren in der Antarktis" (S. 43–44) nach.

1 *Ergänze die fehlenden Angaben zu Shackletons Antarktisexpedition (Abschnitte 2 und 3).*

a) Beginn: _____

b) Name des Schiffes: _____

c) Name des Begleitschiffes: _____

d) Größe der Expeditionsmannschaft: _____

2 *Kreuze die richtige Antwort an.*
Shackleton wollte „ein neues Kapitel in der Geschichte der Polarforschung schreiben" (Z. 20–22), indem er

a) ☐ als Erster den Südpol erreichte.

b) ☐ als Erster die Arktis umrundete.

c) ☐ als Erster die Antarktis durchquerte.

d) ☐ als Erster den Nordpol erreichte.

3 *Nummeriere die Reihenfolge der Ereignisse auf Shackletons Expedition (1, 2, 3 … 7) und ergänze die Zeilenangabe.*

Ereignisse auf Shackletons Expedition	Nummer	Zeilenangabe
a) Aufbruch in England zur Expedition		
b) Einfrieren des Expeditionsschiffes im Weddellmeer		
c) Rettung der übrigen Mannschaft auf Elephant Island		
d) Zwischenstopp auf der Insel South Georgia		
e) Weiterfahrt in Rettungsbooten nach Elephant Island		
f) Fußmarsch auf South Georgia zur Walfangstation		
g) Überfahrt nach South Georgia		

Der Textgebundene Aufsatz (TGA)

4 *Während sich die Expeditionsteilnehmer auf einer Eisscholle befanden, nutzten sie Robben und Pinguine als natürliche Ressourcen zum Überleben. (Abschnitt 4)*

Notiere, was sie von den Tieren nutzten, und den jeweiligen Verwendungszweck.

Ressource	Verwendungszweck

5 *Kreuze an, welche der folgenden Aussagen zum Text richtig oder falsch sind.*

		richtig	falsch
a)	Für die Rückkehr in die Zivilisation musste Shackleton zu den Walfängern gelangen.	☐	☐
b)	Die zwei Wochen andauernde Überfahrt nach South Georgia war nur durch das Einhalten von Ruhezeiten möglich.	☐	☐
c)	Shackleton war es peinlich, den Walfängern durchgeschwitzt und ungewaschen gegenüberzutreten.	☐	☐
d)	Zur Rettung seiner Expeditionsteilnehmer musste Shackleton ein Schiff in England anheuern.	☐	☐
e)	Shackleton hielt die Erinnerungen an die Expedition in einem Buch fest.	☐	☐

6 *Verfasse nun eine strukturierte Inhaltszusammenfassung zum Text „Verloren in der Antarktis". Beziehe bei Bedarf den Infokasten mit ein.*

> **Info**
>
> **Zusammenfassen des Inhalts**
> Bei der Inhaltszusammenfassung unterscheidet man zwischen einer einfachen und einer strukturierten Inhaltszusammenfassung. Bei Letzterer musst du Zeilenangaben und Sinnabschnitte angeben (neuer Sinnabschnitt= wenn Handlung, Zeit, Ort sich ändern). Beachte auch folgende Punkte:
> – Verwendung der Zeitstufe Präsens
> – Neutrale und objektive Darstellungsweise
> – Formulierung in eigenen Worten
> – Indirekte Rede statt wörtlicher Rede

Eine Einleitung schreiben

Eine Einleitung schreiben

Dein Aufsatz muss mit einer Einleitung beginnen. Es ist sinnvoll, sich vor dem Schreiben der Einleitung genauer mit dem Inhalt zu beschäftigen, da du in der Einleitung auch etwas über die Haupt- oder Kernaussage/-n des Textes schreiben musst.

1 a) *Welche Informationen über den Text „Verloren in der Antarktis" (S. 43–44) gehören in eine Einleitung? Markiere im Text und notiere Stichpunkte auf den Schreibzeilen. Der Infokasten hilft dir dabei.*

Info

Jeder Textgebundene Aufsatz beginnt mit der **Einleitung**. In dieser gibst du einen kurzen Überblick zum Text. Folgende Bestandteile müssen enthalten sein:
→ Name der Autorin / des Autors
→ Titel des Textes, Quelle (Woher stammt der Text?)
→ Textsorte
→ Kernsatz (Um was geht es im Text? Kurze Benennung des Inhalts, in der das gesamte Textgeschehen erfasst sein muss.)

b) *Schreibe nun in ganzen Sätzen eine Einleitung zum Text „Verloren in der Antarktis".*

Die Textsorte bestimmen

Wenn du die Teilaufgabe zur Bestimmung der Textsorte bearbeitest, musst du zunächst entscheiden, ob es sich um einen literarischen oder einen journalistischen Text (Sachtext) handelt. Journalistische Texte sind meist aus Zeitungen und Zeitschriften entnommen und kommen in der Regel in der Abschlussprüfung häufiger vor. Literarische Texte stehen allerdings in der Prüfung auch zur Auswahl. Du musst auf jeden Fall alle wichtigen Textsorten kennen, um die entsprechende Aufgabe dazu lösen zu können.

1 *Lies folgende Übersicht, die alle für die Prüfung relevanten Textsorten enthält.*

TEXTSORTEN
Literarische Texte
1. Die Kurzgeschichte – offener Anfang (Beginn der Handlung ohne Einleitung) – offener Schluss (Leser wird zum Nachdenken angeregt) – linearer Handlungsstrang (ein Geschehen steht im Vordergrund, keine Mehrfachhandlung) – Alltagspersonen als Handlungsträger (Identifikationsmöglichkeit) – Alltagssprache (allgemeine Verständlichkeit) – Alltagssituation (Identifikationsmöglichkeit) – krisenhafte Situation der Hauptfigur / des Protagonisten (Nachdenken der Leser)
2. Die Erzählung – Darstellung einer Handlung – meist mehrschichtige Handlung – Einleitung und Abrundung am Schluss
3. Die Satire Die Satire ist eine Mischung aus literarischer und journalistischer Textsorte. Folgende Merkmale sind charakteristisch: – Darstellung menschlicher Schwächen und Fehler auf übertriebene Weise – Autor/-in will menschliche Verhaltensweisen zeigen und kritisieren – Leser sollen sich Gedanken machen – häufige Stilmittel: Klimax, Ironie, Sarkasmus, Metaphern, Klimax, Hyperbel – Das Geschehen beginnt realistisch und driftet zunehmend ins Unrealistische ab.
4. Sonstige literarische Textsorten – Märchen – Fabel – Sage

Die Textsorte bestimmen 2

Achtung!

5. Der Romanauszug
Hier musst du keine Textsortenbestimmung vornehmen. Wenn ein Romanauszug in der Prüfung vorkommt, wird in der Aufgabenstellung erwähnt, dass es sich um einen Romanauszug handelt.

Journalistische Texte

1. Der Bericht
- streng objektiv
- Beantwortung der W-Fragen (*Wer? Was? Wann? Wo?*)
- fester Aufbau (Titel, Untertitel, Leadtext[1], Text)
- sachliche und neutrale Darstellungsweise (keine Wertung, keine Gefühle)
- Information / Darstellung eines Sachverhalts oder Geschehens

2. Die Reportage
- Zoom-Technik (von Einzelaspekten wird auf größere Zusammenhänge ausgeweitet)
- Wechsel zwischen subjektiver und objektiver Darstellungsweise (Perspektivwechsel)
- Zeitwechsel (Präsens und Präteritum)
- aktuelles Geschehen
- treffende und beschreibende Adjektive und Verben zur Veranschaulichung der Situation

3. Die Glosse
- aktuelle/-s Geschehen, Phänomen, Zeiterscheinung
- subjektive Darstellung eines Sachverhalts: Autor/-in äußert Meinung
- ironische, teilweise witzige Darstellung
- Autor/-in will die Leser durch die eigene Meinung beeinflussen
- Autor/-in übt Kritik
- häufige Stilmittel: Hyperbel, Klimax, Ironie, Neologismen
- Pointe am Ende (= lustige abschließende Bemerkung, überraschende Wende)

4. Der Kommentar
- zu Beginn wird das Thema genannt
- subjektive Darstellungsweise, ausschließlich Meinung der Autorin/des Autors
- zugrunde liegender Sachverhalt wird beschrieben, Hintergründe werden erläutert, abschließende Schlussfolgerung
- Autor/-in will die Leser beeinflussen
- häufige Stilmittel: Neologismus, Hyperbel, Klimax, Ironie

5. Sonstige journalistische Textsorten
- Interview
- Diagramm/Schaubild

---

2 *Welcher Textsorte ist der Text „Verloren in der Antarktis" (S. 43–44) zuzuordnen? Begründe deine Einschätzung anhand der Informationen aus der Übersicht oben.*

---

1 Leadtext: Einleitungstext, meist optisch abgehoben

3 a) Lies den folgenden Text mit dem Titel „Masken". Überlege schon beim Lesen, um welche Textsorte es sich handeln könnte (S. 48–49). Unterstreiche oder markiere entsprechende Stellen im Text.

Prüfungstipp

Wenn du bei einem Text keine Idee hast, welche Textsorte es sein könnte, schaue dir den Anfang und den Schluss des Textes genauer an.

Masken *Max von der Grün*

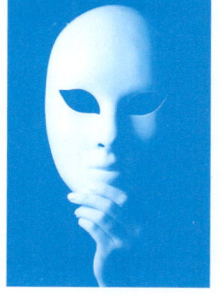

Sie fielen sich unsanft auf dem Bahnsteig 3 a des Kölner Hauptbahnhofs in die Arme und riefen gleichzeitig: „Du?!" Es war ein heißer Julivormittag, und Renate wollte in den D-Zug nach Amsterdam über Aachen. Erich verließ diesen Zug, der von Hamburg kam. Menschen drängten aus den Wagen auf den Bahnsteig, Menschen vom Bahnsteig in die Wagen, die beiden aber standen in dem Gewühl, spürten weder Püffe noch Rempeleien und hörten auch nicht, dass Vorübergehende sich beschwerten, weil sie ausgerechnet vor den Treppen standen und viele dadurch gezwungen wurden, um sie herumzugehen. Sie hörten auch nicht, dass der Zug nach Aachen abfahrbereit war, und es störte Renate nicht, dass er wenige Sekunden später aus der Halle fuhr.

Die beiden standen stumm, jeder forschte im Gesicht des anderen. Endlich nahm der Mann die Frau am Arm und führte sie die Treppen hinunter, durch die Sperre, und in einem Café in der Nähe des Doms tranken sie Tee.

„Nun erzähle, Renate. Wie geht es dir? Mein Gott, als ich dich so plötzlich sah ... du ... ich war richtig erschrocken. Es ist so lange her, aber als du auf dem Bahnsteig fast auf mich gefallen bist ..."

„Nein", lachte sie, „du auf mich."

„Da war es mir, als hätte ich dich gestern zum letzten Male gesehen, so nah warst du mir. Und dabei ist es so lange her ..."

„Ja", sagte sie. „Fünfzehn Jahre."

„Fünfzehn Jahre? Wie du das so genau weißt. Fünfzehn Jahre, das ist ja eine Ewigkeit. Erzähle, was machst du jetzt? Bist du verheiratet? Hast du Kinder? Wo fährst du hin? ..."

„Langsam, Erich, langsam, du bist noch genauso ungeduldig wie vor fünfzehn Jahren. Nein, verheiratet bin ich nicht, die Arbeit, weißt du. Wenn man es zu etwas bringen will, weißt du, da hat man eben keine Zeit für Männer."

„Und was ist das für Arbeit, die dich von den Männern fernhält?" Er lachte sie an, sie aber sah aus dem Fenster auf die Tauben. „Ich bin jetzt Leiterin eines Textilversandhauses hier in Köln, du kannst dir denken, dass man da von morgens bis abends zu tun hat und ..."

„Donnerwetter!", rief er und klopfte mehrmals mit der flachen Hand auf den Tisch. „Donnerwetter! Ich gratuliere."

„Ach", sagte sie und sah ihn an. Sie war rot geworden.

„Du hast es ja weit gebracht, Donnerwetter, alle Achtung. Und jetzt? Fährst du in Urlaub?"

„Ja, vier Wochen nach Holland. Ich habe es nötig, bin ganz durchgedreht. Und du, Erich, was machst du? Erzähle. Du siehst gesund aus."

Schade, dachte er, wenn sie nicht so eine Bombenstellung hätte, ich würde sie jetzt fragen, ob sie mich noch haben will. Aber so? Nein, das geht nicht, sie würde mich auslachen, wie damals.

„Ich?", sagte er gedehnt und brannte sich eine neue Zigarette an. „Ich ... ich ... Ach weißt du, ich habe ein bisschen Glück gehabt. Habe hier in Köln zu tun. Habe umgesattelt, bin seit vier Jahren Einkaufsleiter einer Hamburger Werft, na ja, so was Besonderes ist das nun wieder auch nicht."

„Oh", sagte sie und sah ihn starr an, und ihr Blick streifte seine großen Hände, aber sie fand keinen Ring. Sie erinnerte sich, dass sie vor fünfzehn Jahren nach einem kleinen Streit auseinandergelaufen waren, ohne sich bis heute wiederzusehen. Er hatte ihr damals nicht genügt, der schmalverdienende und immer ölverschmierte Schlosser. Er solle es erst zu etwas bringen, hatte sie ihm damals nachgerufen, vielleicht könne man später wieder darüber sprechen. So gedankenlos jung waren sie damals. Ach ja, die Worte waren im Streit gefallen und trotzdem nicht böse gemeint. Beide aber fanden danach keine Brücke mehr zueinander. Sie wollten und wollten doch nicht. Und nun? Nun hatte er es zu etwas gebracht.

„Dann haben wir ja beide Glück gehabt", sagte sie und dachte, dass er immer noch gut aussieht. Gewiss, er war älter geworden, aber das steht ihm gut. Schade, wenn er nicht so eine Bombenstellung hätte, ich würde ihn fragen, ja, ich ihn, ob er noch an den dummen Streit von damals denkt und ob er mich noch haben will. Ja, ich würde ihn fragen. Aber jetzt?

„Jetzt habe ich dir einen halben Tag deines Urlaubs gestohlen", sagte er und wagte nicht, sie anzusehen.

„Aber Erich, das ist doch nicht so wichtig, ich fahre mit dem Zug um fünfzehn Uhr. Aber ich, ich halte dich bestimmt auf, du hast gewiss einen Termin hier."

„Mach dir keine Sorgen, ich werde vom Hotel abgeholt. Weißt du, meinen Wagen lasse ich immer zu Hause, wenn ich längere Strecken fahren muss. Bei dem Verkehr heute, da kommt man nur durchgedreht an."

„Ja", sagte sie. „Ganz recht, das mache ich auch immer so." Sie sah ihm nun direkt ins Gesicht und fragte: „Du bist nicht verheiratet? Oder lässt du Frau und Ring zu Hause?" Sie lachte etwas zu laut für dieses vornehme Lokal.

„Weißt du", antwortete er, „das hat seine Schwierigkeiten. Die ich haben will, sind nicht zu haben oder nicht mehr, und die mich haben wollen, sind nicht der Rede wert. Zeit müsste man eben haben. Zum Suchen, meine ich. Zeit müsste man haben." Jetzt müsste ich ihr sagen, dass ich sie noch immer liebe, dass es nie eine andere Frau für mich gegeben hat, dass ich sie all die Jahre nicht vergessen konnte. Wie viel? Fünfzehn Jahre? Eine lange Zeit. Mein Gott, welch eine lange Zeit. Und jetzt? Ich kann sie doch nicht mehr fragen, vorbei, jetzt wo sie so eine Stellung hat. Nun ist es zu spät, sie würde mich auslachen, ich kenne ihr Lachen, ich habe es im Ohr gehabt, all die Jahre. Fünfzehn? Kaum zu glauben.

„Wem sagst du das?" Sie lächelte. „Entweder die Arbeit oder das andere", echote er.

Jetzt müsste ich ihm eigentlich sagen, dass er der einzige Mann ist, dem ich blind folgen würde, wenn er mich darum bäte, dass ich jeden Mann, der mir begegnete, sofort mit ihm verglich. Ich sollte ihm das sagen. Aber jetzt? Jetzt hat er eine Bombenstellung, und er würde mich nur auslachen, nicht laut, er würde sagen, dass … ach … es ist alles so sinnlos geworden.

Sie aßen in demselben Lokal zu Mittag und tranken anschließend jeder zwei Cognacs. Sie erzählten sich Geschichten aus ihren Kindertagen und später aus ihren Schultagen. Dann sprachen sie über ihr Berufsleben, und sie bekamen Respekt voreinander, als sie erfuhren, wie schwer es der andere gehabt hatte bei seinem Aufstieg. „Jaja", sagte sie; „genau wie bei mir", sagte er.

„Aber jetzt haben wir es geschafft", sagte er laut und rauchte hastig.

„Ja", nickte sie. „Jetzt haben wir es geschafft." Hastig trank sie ihr Glas leer.

Sie hat schon ein paar Krähenfüßchen, dachte er. Aber die stehen ihr nicht einmal schlecht.

Noch einmal bestellte er zwei Schalen Cognac, und sie lachten viel und laut.

Er kann immer noch so herrlich lachen, genau wie früher, als er alle Menschen einfing mit seiner ansteckenden Heiterkeit. Um seinen Mund sind zwei steile Falten, trotzdem sieht er wie ein Junge aus, er wird immer wie ein Junge aussehen, und die zwei steilen Falten stehen ihm nicht einmal schlecht. Vielleicht ist er jetzt ein richtiger Mann, aber nein, er wird immer ein Junge bleiben.

Kurz vor drei brachte er sie zum Bahnhof.

„Ich brauche den Amsterdamer Zug nicht zu nehmen", sagte sie. „Ich fahre bis Aachen und steige dort um. Ich wollte sowieso schon lange einmal das Rathaus besichtigen."

Wieder standen sie auf dem Bahnsteig und sahen aneinander vorbei. Mit leeren Worten versuchten sie, die Augen des andern einzufangen, und wenn sich dann doch ihre Blicke trafen, erschraken sie und musterten die Bögen der Halle.

Wenn ich jetzt ein Wort sagen würde, dachte er, dann …

„Ich muss jetzt einsteigen", sagte sie. „Es war schön, dich wieder einmal zu sehen. Und dann so unverhofft …"

Ja, das war es. Er half ihr beim Einsteigen und fragte nach ihrem Gepäck.

„Als Reisegepäck aufgegeben."

„Natürlich, das ist bequemer", sagte er.

Wenn er jetzt ein Wort sagen würde, dachte sie, ich stiege sofort wieder aus, sofort.

Sie reichte ihm aus einem Abteil erster Klasse die Hand. „Auf Wiedersehen, Erich … und weiterhin … viel Glück."

Wie schön sie immer noch ist. Warum nur sagt sie kein Wort?

„Danke, Renate. Hoffentlich hast du schönes Wetter."

„Ach, das ist nicht so wichtig. Hauptsache ist das Faulenzen, das kann man auch bei Regen."

Der Zug ruckte an. Sie winkten nicht, sie sahen sich nur in die Augen, solange dies möglich war.

Als der Zug aus der Halle gefahren war, ging Renate in einen Wagen zweiter Klasse und setzte sich dort an ein Fenster. Sie weinte hinter einer ausgebreiteten Illustrierten.

Wie dumm von mir, ich hätte ihm sagen sollen, dass ich immer noch die kleine Verkäuferin bin. Ja, in einem anderen Laden, mit zweihundert Mark mehr als früher, aber ich verkaufe immer noch Herrenoberhemden, wie früher, und Socken und Unterwäsche. Alles für den Herrn. Ich hätte ihm das sagen sollen. Aber dann hätte er mich ausgelacht, jetzt, wo er ein Herr geworden ist. Nein, das ging doch nicht. Aber ich hätte wenigstens nach seiner Adresse fragen sollen. Wie dumm von mir, ich war aufgeregt wie ein kleines Mädchen, und ich habe gelogen, wie ein kleines Mädchen, das imponieren will. Wie dumm von mir.

Erich verließ den Bahnhof und fuhr mit der Straßenbahn nach Ostheim auf eine Großbaustelle. Dort meldete er sich beim Bauführer.

„Ich bin der neue Kranführer."

„Na, sind Sie endlich da? Mensch, wir haben schon gestern auf Sie gewartet. Also dann, der Polier zeigt Ihnen Ihre Bude, dort drüben in den Baracken. Komfortabel ist es nicht, aber warmes Wasser haben wir trotzdem. Also dann, morgen früh, pünktlich sieben Uhr."

Ein Schnellzug fuhr Richtung Deutz. Ob der auch nach Aachen fährt? Ich hätte ihr sagen sollen, dass ich jetzt Kranführer bin. Ach, Blödsinn, sie hätte mich nur ausgelacht, sie kann so verletzend lachen. Nein, das ging nicht, jetzt, wo sie eine Dame geworden ist und eine Bombenstellung hat.

b) *Vervollständige folgende Tabelle, indem du entweder Merkmale des Textes „Masken" bzw. die fehlenden Textstellen ergänzt.*

Merkmale (des Textes)	Passende Textstellen/Zitate
Zuallererst fällt dem Leser der offene Anfang auf, er wird unmittelbar in das Geschehen geworfen, ohne dass er genauere Angaben zu Ort, Zeit und Personen erhält.	
	„Nein, das ging nicht, jetzt, wo sie eine Dame geworden ist und eine Bombenstellung hat." (Z. 233 ff.)
	„Ich bin der neue Kranführer." (Z. 222)
Alltagssprache	
Krisenhafte Situation/-en	
	„Sie aßen in demselben Lokal zu Mittag und tranken anschließend jeder zwei Cognacs. Sie erzählten sich Geschichten aus ihren Kindertagen und später aus ihren Schultagen." (Z. 140 ff.)
linearer Handlungsstrang	

c) Hat sich deine Vermutung aus Teilaufgabe a) bestätigt? Begründe deine Aussage.

_____

_____

_____

Das Textäußere (das Layout) beschreiben

Eine Teilaufgabe zum Textgebundenen Aufsatz kann von dir auch die Beschreibung der äußeren Merkmale eines Textes verlangen. Dabei steht also die Form – nicht der Inhalt – des Textes im Mittelpunkt. Du musst die äußere Form (das Layout) beschreiben und dir gleichzeitig auch über die Wirkung Gedanken machen.

> **Prüfungstipp**
>
> **Das Textäußere (das Layout) beschreiben**
>
> Gehe nach dem Dreischnitt vor:
>
> 1. Sammle zunächst äußere Merkmale des Textes und markiere sie.
>
> 2. Notiere die Textstellen.
>
> 3. Bestimme zu jedem gefundenen Merkmal die Wirkung.
>
> *Illustration, S. 2 → lockert den Text auf, veranschaulicht den Inhalt bildlich*

1 Ordne in der folgende Tabelle äußere Textmerkmale der passenden Funktion / Wirkung zu. Schreibe in die Tabelle.

| Leadtext Lauftext Spalten Absätze Untertitel Illustration/Foto Zwischenüberschrift Schlagzeile/Überschrift Bildunterschrift Initiale[1] Fettdruck |

Merkmal	Funktion / Wirkung
	Erwecken von Interesse, Anreiz zum Lesen
	genauere Angaben zum Inhalt
	Hauptinformation, knappe Angabe des Inhalts
	Hervorheben der wichtigsten Aspekte, Gliederung des Textes
	Platz sparende Textaufteilung
	innere und äußere Gliederung des Textes
Illustration	lockert den Text auf; dient der Visualisierung und Verdeutlichung des Textinhalts
	Blickfang, optische Auflockerung, Abwechslung
	ergänzende Information zum Bildinhalt
	gesamter ausformulierter Inhalt

[1] besonders gestalteter Anfangsbuchstabe eines Textes oder Absatzes

2 Der Textgebundene Aufsatz (TGA)

2 *Untersuche das Äußere (das Layout) des Textes „Verloren in der Antarktis" (S. 43–44). Welche Merkmale aus der Tabelle (Aufgabe 1) findest du wieder? Nenne die Merkmale, die Textstellen und ihre Wirkung.*

3 *Vergleiche die äußere Form (das Layout) des Textes „Masken" (S. 50–52) mit deinen Ergebnissen zum Text „Verloren in der Antarktis" aus Aufgabe 2.*

Die sprachlichen Mittel untersuchen (Sprachanalyse)

Auch bei der Beschreibung der sprachlichen Besonderheiten eines Textes ist es wichtig, dass du gründlich und vollständig arbeitest. Besonders hilfreich ist es, alle Beobachtungen im Text zu markieren (Infos zum Markieren eines Textes auf S. 43). Um sprachliche Besonderheiten im Text leichter zu finden, kannst du dich an folgendem Schema orientieren.

> **Info**
>
> **Sprachliche Mittel untersuchen**
>
> Gehe nach dem Trichterprinzip vor: Von der größten Einheit zur kleinsten Einheit.
>
> **Sprachebene** (Standardsprache, Hochsprache, Fachsprache, Dialekt, Umgangssprache, Jugendsprache)
>
> **Satzart und Satzbau** (z.B. Aussagesatz, Fragesatz, Ausrufesatz / Satzgefüge, Satzreihe)
>
> **Wortwahl** (z.B. häufige Verwendung von aussagekräftigen Adjektiven/Verben, Fremdwörtern, Fachbegriffen)
>
> **Stilmittel** (z.B. Anapher, Antithese, Ellipse, Klimax, Metapher, Parallelismus, Vergleich, Personifikation)

1 a) *Untersuche den Text „Masken" (S. 50–52) auf die Verwendung von sprachlichen Mitteln hin. Unterstreiche oder markiere im Text die entsprechenden Stellen. Orientiere dich am Trichterschema oben.*

Ähnlich wie bei der Beschreibung der äußeren Form eines Textes (Layout), musst du auch hier neben den Merkmalen die entsprechenden Textstellen und die Wirkung aufschreiben.

> **Prüfungstipp**
>
> **Sprachliche Mittel untersuchen**
>
> Gehe nach dem **Dreischritt** vor:
>
> 1. Zunächst muss ein **Befund** (= sprachliche Besonderheit) gefunden und genannt werden.
> 2. Dieser Befund muss im Text nachgewiesen werden (**Textstellenbeleg**).
> 3. Das Wichtigste ist die **Beschreibung der Wirkung** gefundener Elemente. Kein Autor/Keine Autorin verwendet stilistische Mittel nur so, er/sie bezweckt etwas damit. Was, das musst du beschreiben!
>   Beispiel:
>
>   *In Zeile 3 ff. (=Textstellenbeleg) erkennt man gut die Verwendung der Standardsprache (= Befund). Diese wird vom Autor benutzt, um sichergehen zu können, dass eine breite Leserschicht den Text versteht (=Wirkung).*

2 Der Textgebundene Aufsatz (TGA)

b) *Befülle folgende Tabelle mithilfe deiner Unterstreichungen/Markierungen im Text.*

Sprachliches Mittel	Textstelle/Beispiel	Wirkung

Autorenintention und Zielgruppe einschätzen

Eine weitere Teilaufgabe des TGA verlangt von dir, dass du etwas über die Absicht der Autorin / des Autors schreibst und dass du dir zugleich schriftlich Gedanken über die Leserschaft machst, die er oder sie beim Schreiben des Textes im Auge hatte. Übe diese Teilaufgabe ebenfalls anhand der beiden Texte in diesem Kapitel.

❶ *Untersuche, was Max von der Grün mit seinem Text „Masken" (S. 50–52) beabsichtigen könnte, und belege deine Auswahl anhand geeigneter Textstellen. Ergänze dazu in der rechten Spalte folgender Tabelle Beispiele, wenn du Übereinstimmungen mit dem Text „Masken" findest. Achtung: Auf den Text „Masken" treffen nicht alle Merkmale zu!*

Autorenintention und Zielgruppe einschätzen

Absicht der Autorin / des Autors	Textstellen/Beispiele
Unterhaltung (der Leser)	
Darstellung eines tatsächlichen Ereignisses	
Appell (an die Leser)	
Kritik (an einem Zustand der Gegenwart, an Personenkreisen usw.)	
Nachdenken (bei den Lesern)	
Information (für die Leser), Meinungsbildung	
Ansprechen von Gefühlen oder Auslösen von Betroffenheit (bei den Lesern)	
Darstellung der Meinung (der Autorin / des Autors)	
Beeinflussung (der Leser)	

2 Der Textgebundene Aufsatz (TGA)

2 *Untersuche nun entsprechend wie in Aufgabe 1 die Aussageabsicht der Autorin des Textes „Verloren in der Antarktis" (S. 43–44). Ergänze ebenfalls in der Tabelle auf S. 57 passende Textstellen, diesmal in einer anderen Farbe.*

3 **a)** *Bestimme für die beiden Texte „Masken" und „Verloren in der Antarktis" jeweils eine mögliche Zielgruppe. Wähle aus folgenden Begriffen einen oder mehrere aus.*

> Jugendliche • Kinder • Sportler • Fans • Erwachsene • historisch Interessierte • Eltern • Lehrer • Schüler • Verbraucher

Zielgruppe von „Masken": _____

Zielgruppe von „Verloren in der Antarktis": _____

b) *Begründe deine Wahl für beide Texte in Stichpunkten.*

_____
_____
_____
_____

> **Prüfungstipp**
>
> **Aussageabsicht der Autorin / des Autors**
> Prinzipiell musst du dir immer den **Inhalt** genau anschauen, wenn du die **Aussageabsicht der Autorin / des Autors** herausfinden willst. Bei literarischen Texten kann es für dich schwieriger sein, wenn die Texte älter sind, denn sie sind manchmal nur im **historischen Kontext** verstehbar. Auch bei dieser Teilaufgabe musst du deine Aussagen wieder durch **Textbelege** untermauern.

Eine Charakterisierung verfassen

1 *Lies im Infokasten zunächst nach, was du beim Verfassen einer Charakterisierung beachten musst.*

> **Info**
>
> **Eine Charakterisierung verfassen**
> Du fasst alle wichtigen Informationen über eine Figur in einer Art Steckbrief schriftlich zusammen. Dabei beschreibst du sowohl **die äußeren als auch die inneren Merkmale der Figur** getrennt nacheinander. Das Erstellen eines Clusters hilft dir dabei (siehe unten). **Die inneren Einstellungen** werden häufig nicht ausdrücklich ausgesprochen, du kannst sie meist an den **Aussagen**, **Gedanken** und **Verhaltensweisen** einer Figur ablesen. Auch bei dieser Teilaufgabe werden **Textstellenbelege** von dir erwartet.
>
> **Äußere Merkmale**
> – Kleidung
> – Aussehen
> – Gegenstände
> – Familienverhältnisse
> – Beruf …
>
>
>
> **Innere Einstellungen**
> – Gefühle
> – Ängste
> – Meinung
> – …

Eine Charakterisierung verfassen

2 Markiere im Text „Masken" (S. 50–52) Stellen, in denen Erich näher beschrieben wird. Ergänze dann das Cluster.

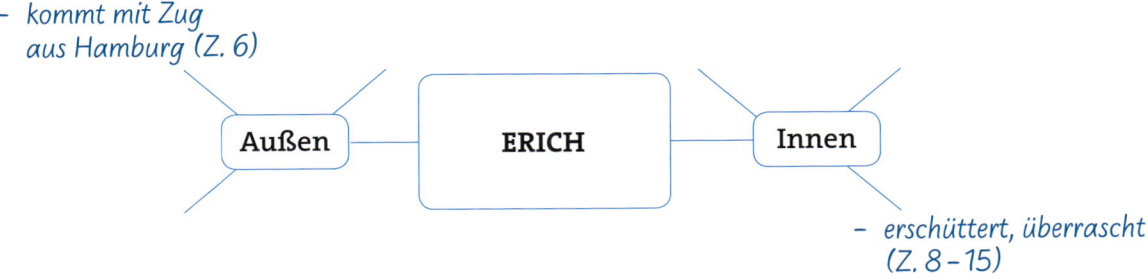

3 Verfasse eine schriftliche Charakteristik zur Figur des Erich aus dem Text „Masken" (S. 50–52). Gehe zuerst auf die äußeren und dann auf die inneren Merkmale ein.

4 Erarbeite auch eine Charakterisierung zur Figur der Renate. Schreibe in dein Heft.

2 Der Textgebundene Aufsatz (TGA)

Der Schluss im TGA

Zu jedem Textgebundenen Aufsatz gehört auch ein Schluss. Berücksichtige diesen schon in deiner Gliederung, so vergisst du ihn nicht. Folgendes musst du beim Schreiben des Schlusses beachten.

Info

Den Schluss schreiben
Im **Schluss** des TGA wird von dir eine **begründete eigene Stellungnahme zum Text** verlangt. Du musst genau begründen, warum dir der Text gut gefallen hat, bzw. warum du ihn kritisierst. Der Schluss muss nicht lang, aber ausreichend begründet sein.

1 Verfasse einen vollständigen und begründeten Schluss zum Text „Verloren in der Antarktis" (S. 43–44). Die folgenden Formulierungshilfen kannst du dabei nutzen.

Tipp

Formulierungshilfen Schluss
Mir hat der Text gut gefallen, weil ...
- *er meine Interessen voll getroffen hat ...*
- *ich mich mit den Personen gut identifizieren konnte ...*
- *ich in einer ähnlichen Situation war und mir bestimmte Verhaltensweisen bewusst wurden ...*
- *ich viele Hintergrundinformationen zu einem bestimmten/mir unbekannten Thema erhalten habe ...*
- *der Autor genau meine Meinung vertritt ....*
- *ich unterschiedliche Sichtweisen kennengelernt habe ...*

2 Verfasse einen Schluss zum Text „Masken" (S. 50–52).

Die weiterführende Aufgabe im TGA: Argumentativer Schreibauftrag

Bei der weiterführenden Aufgabe hast du die Wahl zwischen einer **argumentativen Schreibaufgabe** und einer **kreativen Schreibaufgabe**.

Dein argumentativer Text muss bestimmte formale Merkmale aufweisen, die du im Folgenden kennenlernst.

2 Die weiterführende Aufgabe im TGA: Argumentativer Schreibauftrag

Es können zwei verschiedene Arten der Aufgabenstellung vorkommen: Zum einen kann eine Erörterung verlangt werden, bei der zu einem im Text angesprochenen Sachverhalt in Form von mindestens drei Argumenten Stellung bezogen werden soll. Zum anderen kann ein Leserbrief vorkommen. In diesem stellst du Argumente in Briefform dar.

Das Thema genau untersuchen

Folgende Aufgabe könnte dir begegnen:

> *Im Text geht es um das Wahlrecht mit 16. Stellen Sie dar, was Ihrer Meinung nach für das Wahlrecht mit 16 spricht.*

Bevor du mit der Erörterung beginnst, musst du dir das Thema genau anschauen, damit du nicht am Thema vorbeischreibst.

Info
Thema der Erörterung
Stelle dir folgende Fragen zum Thema:
→ Gibt es Schlüsselbegriffe?
→ Gibt es Einschränkungen?
→ Ist das Thema eingliedrig/zweigliedrig?

Tipp
Du kannst auch in den ersten beiden Kapiteln zur Erörterung (S. 6 u. S. 19) nachschlagen.

❶ *Unterstreiche den Schlüsselbegriff / die Schlüsselbegriffe in der Aufgabenstellung oben. Ist das Thema ein- oder zweigliedrig?*

Eine Stoffsammlung machen

Zuerst sammelst du Punkte, die dir zum Thema einfallen, und ordnest sie.

❷ *Ergänze das Cluster mit deinen Ideen.*

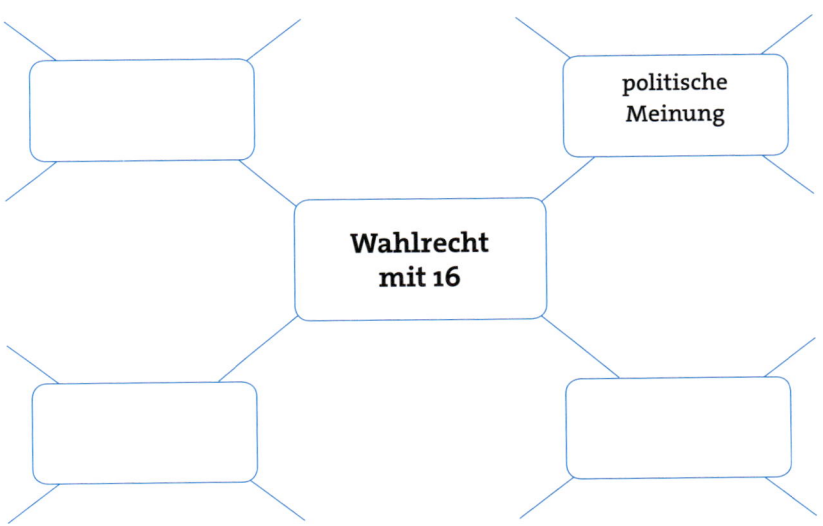

2 Der Textgebundene Aufsatz (TGA)

Argumente sammeln und eine Gliederung erstellen

3 a) Ordne nun deine Ideen aus dem Cluster, indem du zusammengehörende Gedanken zusammenfasst. Sortiere in Ober- und Unterpunkte.

_____
_____
_____
_____
_____
_____
_____
_____

b) Welche Argumente hast du schon gefunden? Notiere deine Argumente in Stichpunkten.

Argumente:

1. _____
2. _____
3. _____
4. _____

4 Erstelle nun deine Gliederung mithilfe der folgenden Tabelle. Lies zunächst den Infokasten.

> **Info**
>
> **Eine Gliederung zur Argumentation erstellen**
> Die Gliederung hilft dir deinen Aufsatz zu schreiben. Alle Bestandteile des Aufsatzes sollen sich hier wiederfinden. Notiere in der Gliederung auch, was du in der **Einleitung** und im **Schluss** schreiben willst. Dazu kannst du auch Gedanken aus deiner Stoffsammlung verwenden. Im **Hauptteil** deines Aufsatzes sollst du deine Argumente ausformulieren. Notiere in der Gliederung stichwortartig deine Argumente, sortiere sie nach Wichtigkeit: Das überzeugendste Argument kommt am Ende.

Gliederung	
1. Einleitung	

Die weiterführende Aufgabe im TGA: Argumentativer Schreibauftrag

2. Hauptteil	
3. Schluss	

Argumente formulieren

Im Hauptteil formulierst du deine Argumente aus. Sie müssen immer einen bestimmten Aufbau aufweisen.

5 a) *Unterstreiche in folgendem Argument die Behauptung, die Begründung und das Beispiel in unterschiedlichen Farben. Ziehe bei Bedarf den Infokasten hinzu.*

> Das Wahlrecht ab 16 ermöglicht es Jugendlichen frühzeitig, ihrer politischen Meinung Ausdruck zu verleihen. Jugendliche bilden sich zu verschiedenen Themen eine eigene Meinung, dies geschieht auch im politischen Bereich. Deshalb ist es nur gerecht, mit 16 wählen zu dürfen, da damit die Meinung der Jugendlichen repräsentiert wird. In der Schule dürfen beispielsweise schon viel jüngere Schüler an Klassensprecherwahlen teilnehmen und so ihrem Willen Ausdruck verleihen.

Info

Der Aufbau eines Arguments

1. **Behauptung (These)**
   → eine noch unbewiesene sachliche Aussage

2. **Begründung**
   → untermauert die zuvor gemachte Aussage durch Gründe
   → erläutert die Aussage genauer

3. **Beispiel**
   → konkret und nachvollziehbar
   → untermauert die These und stützt die Begründung

2 Der Textgebundene Aufsatz (TGA)

b) *Formuliere ein weiteres Argument. Achte darauf, dass du alle Bestandteile eines Argumentes berücksichtigst.*

⑥ *Schreibe nun eine Argumentation mit drei Argumenten. Nutze die Formulierungshilfen und den Infokasten S. 63.*

> **Tipp**
>
> **So kannst du ein Argument beginnen:**
> Ein Argument für (gegen) … ist …
> Ein weiteres Argument, das dafür (dagegen) spricht, ist …
> Außerdem spielt noch … eine Rolle.
> Weiterhin ist zu bedenken, dass …
> Außerdem …
>
> Ein Vorteil (Nachteil) besteht darin, dass …
> Dafür (Dagegen) spricht, dass …
> Besonders wichtig ist …
> Weitaus wichtiger aber ist …
> Am wichtigsten erscheint mir …

Im Leserbrief argumentieren

Es kann sein, dass in der Prüfungsaufgabe das Schreiben eines Leserbriefes von dir verlangt wird. Dabei musst du ebenfalls Argumente ausformulieren, allerdings in Leserbriefform. Du musst also die äußere Form eines Leserbriefs genau einhalten.

7 **a)** *Lies den Infokasten zum Aufbau eines Leserbriefes.*

> **Info**
>
> **Aufbau eines Leserbriefes**
>
> **Absender**
>
> **Adressat**
>
> **Ort und Datum**
>
> **Betreffzeile**
> – Nennen des Textes, auf den reagiert wird
>   z.B. *Ihr Artikel "Verloren in der Antarktis" vom 10.11.2015*
>
> **Anrede**
> *Sehr geehrte/-r Frau ... / Herr ... /Damen und Herren, ...*
>
> **Einleitung**
> – Bezugnahme
> – Thema
>   z.B. *Mit großem Interesse habe ich Ihren Artikel „ ... " vom ... gelesen und möchte gerne meine Meinung zu dem im Text dargestellten Sachverhalt zum Thema „ ... " darlegen.*
>
> **Hauptteil**
> – persönliche Stellungnahme
>   z.B. *Meine Haltung zu diesem Thema ist folgendermaßen ...*
>   *Aus meiner Sicht ist es so, dass ...*
>
> – Lob/Kritik
>   z.B. *Ich stimme dem Autor zu/ widerspreche dem Autor, ...*
>
> – eigene Darstellung in Form einer Argumentation
>   z.B. *Zum einen ist es so, dass ...*
>   *Zum anderen muss man auch bedenken, dass ...*
>
> – evtl. weitere und vernachlässigte Aspekte
>   z.B. *Was häufig vergessen wird, ist, dass ...*
>
> **Schluss**
> – Abrundung des Briefes
>   z.B. *Ich hoffe, dass ich mich mit meinem Anliegen verständlich machen konnte.*
>
> **Grußformel**
>   *Mit freundlichen Grüßen*
>
> **Unterschrift**

b) *Schreibe einen Leserbrief zum Text „Verloren in der Antarktis", in dem du zu Expeditionsfahrten und Forschungsreisen heute Stellung nimmst. Erstelle davor eine Stoffsammlung und eine Gliederung für deinen Text auf einem extra Blatt.*

Die weiterführende Aufgabe im TGA: Kreativer Schreibauftrag

Die kreativen Aufgaben sind weitgehend frei in der Ausführung, wichtig ist, dass du den tatsächlichen Bezug zur Fragestellung herstellst und dass du dich – falls vorgegeben – auf die konkrete/-n Textstelle/-n beziehst. Zunächst lernst du die verschiedenen Textformen kennen, die beim kreativen Schreibauftrag von dir verlangt werden können.

> **Info**
>
> **Kreative Textformen**
> Innerer Monolog
> → Es werden Gedanken und Gefühle (meist der Hauptperson) geschildert.
> → Darstellung in der Ich-Perspektive
> → Ausdruck / Stil muss zur Person passen (Textbezug!)
> → Der Leser muss sich in die Lage der Hauptfigur (Protagonist/-in) versetzen können.
> **Beispiel:** *Oh Gott, ich habe sie tatsächlich gehen lassen! Mann, wäre ich nicht ein solcher Feigling, dann hätte ich Renate meine Gefühle gestehen können ... Nun ist sie wieder weg, die Frau meiner Träume ...*
>
> Dialog
> → Prinzip eines Gesprächs (Rede und Gegenrede)
> → Entscheidend ist hier der Perspektivwechsel (Ich schlüpfe in unterschiedliche Rollen.)
> → Wichtig ist der Anknüpfungspunkt an den Text
>
> Schluss (Weiterschreiben eines Textes)
> → Ein eigener Schluss muss erdacht werden.
> → kein Abdriften ins Unrealistische
> → Alle Voraussetzungen des Textes müssen berücksichtigt werden (Namen, Setting).
>
> Schilderung
> → Hier muss eine konkrete Situation beschrieben werden.
> → Der Leser muss sich genau in die geschilderte Situation hineinversetzen können.
> → Was sehe/rieche/höre/fühle/schmecke ich? (alle Sinneswahrnehmungen)
> → Einbauen von Gedanken und Gefühlen der Hauptfigur

Folgende kreative Schreibaufgabe könnte in der Prüfung vorkommen.

> *Verfasse eine Schilderung zu folgender Situation: Erich bleibt am Bahnhof allein zurück. (Z. 219 ff.)*

Eine Stoffsammlung und eine Gliederung erstellen

1 a) Lies die Kurzgeschichte „Masken" (S. 43–44) erneut. Markiere alle Informationen, die dir für die Schilderung der o.g. Situation wichtig erscheinen, oder mache dir Notizen auf einem extra Blatt. Nutze die Informationen des Infokastens oben.

b) Ordne die von dir markierten und notierten Inhalte in einem Cluster.

2 Der Textgebundene Aufsatz (TGA)

c) Erstelle eine Art Schreibplan, also eine Gliederung zu deiner Schilderung. Orientiere dich an der Gliederung auf S. 62–63.

1. Überschrift

2.

Einen Text schreiben

2 Bevor du die Schilderung schreibst, mache folgende Übung, um dich in die Situation hineinzuversetzen, in der sich Erich befindet.
Um dich in die Situation hineinzuversetzen, die du schildern möchtest, kannst du dich an Situationen, Orte, Ereignisse aus deinem eigenen Leben erinnern. Schließe die Augen und versetze dich in die Situation am Bahnhof hinein.

Ich sehe:

Ich höre:

Ich fühle:

Die weiterführende Aufgabe im TGA: Kreativer Schreibauftrag

Ich rieche:

_____

_____

_____

Ich schmecke:

_____

_____

_____

_____

3 *Formuliere nun den Text entsprechend deiner Gliederung aus. Schreibe in dein Heft. Verwende sprachliche Mittel entsprechend den Hinweisen im Infokasten.*

Info

Sprachliche Mittel verwenden

- bildhafte Vergleiche und Bezeichnungen, z. B. *kalt wie Eis, klettern wie ein Affe, Bruchbude – Hütte – Palast,*
- abwechslungsreiche, genaue Bezeichnungen und Synonyme, z. B. *Auto – Wagen – Gefährt,*
- treffende Verben und Adjektive, z. B. *flüstern, glitschiger Untergrund,*
- Personifizierungen, z. B. *Kälte kroch in meine Zehen.*

Einen Text überarbeiten

4 *Überarbeite deine Schilderung mithilfe der folgenden Checkliste.*

Checkliste

	ja	nein
1 Hat meine Schilderung eine passende, interessante **Überschrift**?	☐	☐
2 Sind in meiner Schilderung **Einleitung**, **Hauptteil** und **Schluss** erkennbar?	☐	☐
3 Habe ich alle **Sinneswahrnehmungen** meiner Figur dargestellt?	☐	☐
4 Habe ich **Gedanken**, **Gefühle**, **Einstellungen** meiner Figur beschrieben?	☐	☐
5 Entspricht der Inhalt meiner Schilderung der **Vorgabe in der Schreibaufgabe**?	☐	☐
6 Habe ich die richtige **Zeitform** verwendet?	☐	☐
7 Habe ich **sprachliche Mittel** verwendet, die die Schilderung anschaulicher machen?	☐	☐
8 Habe ich in die Schilderung **wörtliche Rede** eingebaut?	☐	☐
9 Habe ich **abwechslungsreich** und **treffend formuliert** und Wiederholungen vermieden?	☐	☐
10 Habe ich **Rechtschreibung**, **Grammatik** und **Zeichensetzung** geprüft?	☐	☐

3. Prüfungsbeispiele

Hier folgt eine Auswahl von Aufgaben, die den Prüfungsaufgaben entsprechen. Du hast in der Prüfung die Wahl zwischen einer Aufgabe aus der Aufgabengruppe A (Erörterung) und einer Aufgabe aus der Aufgabengruppe B (Textgebundener Aufsatz).

Prüfungsbeispiel: Erörterung mit Material und Textgebundener Aufsatz (Sachtext)

Wählen Sie aus den folgenden beiden Aufgaben eine aus und bearbeiten Sie diese vollständig auf einem extra Blatt.

Aufgabengruppe A: Erörterung mit Informationsmaterial

Smartphones sind aus der heutigen Gesellschaft nicht mehr wegzudenken. Erörtern Sie Gründe hierfür. Welche negativen Aspekte kann der übermäßige Gebrauch dieser Geräte mit sich bringen?

> Gehen Sie zur Bearbeitung des Themas zunächst das vorliegende Material durch und überlegen Sie sich, welche Informationen Sie für Ihren Aufsatz verwerten möchten. Das Material dient *zur Ergänzung* Ihrer eigenen Ideen. **Es muss jedoch deutlich erkennbar sein, dass Teile des Materials in die Bearbeitung mit einbezogen wurden.** Falls Sie Textstellen wörtlich übernehmen bzw. angegebene Daten oder Aussagen verwenden, müssen Sie dies in Ihrem Aufsatz angeben.

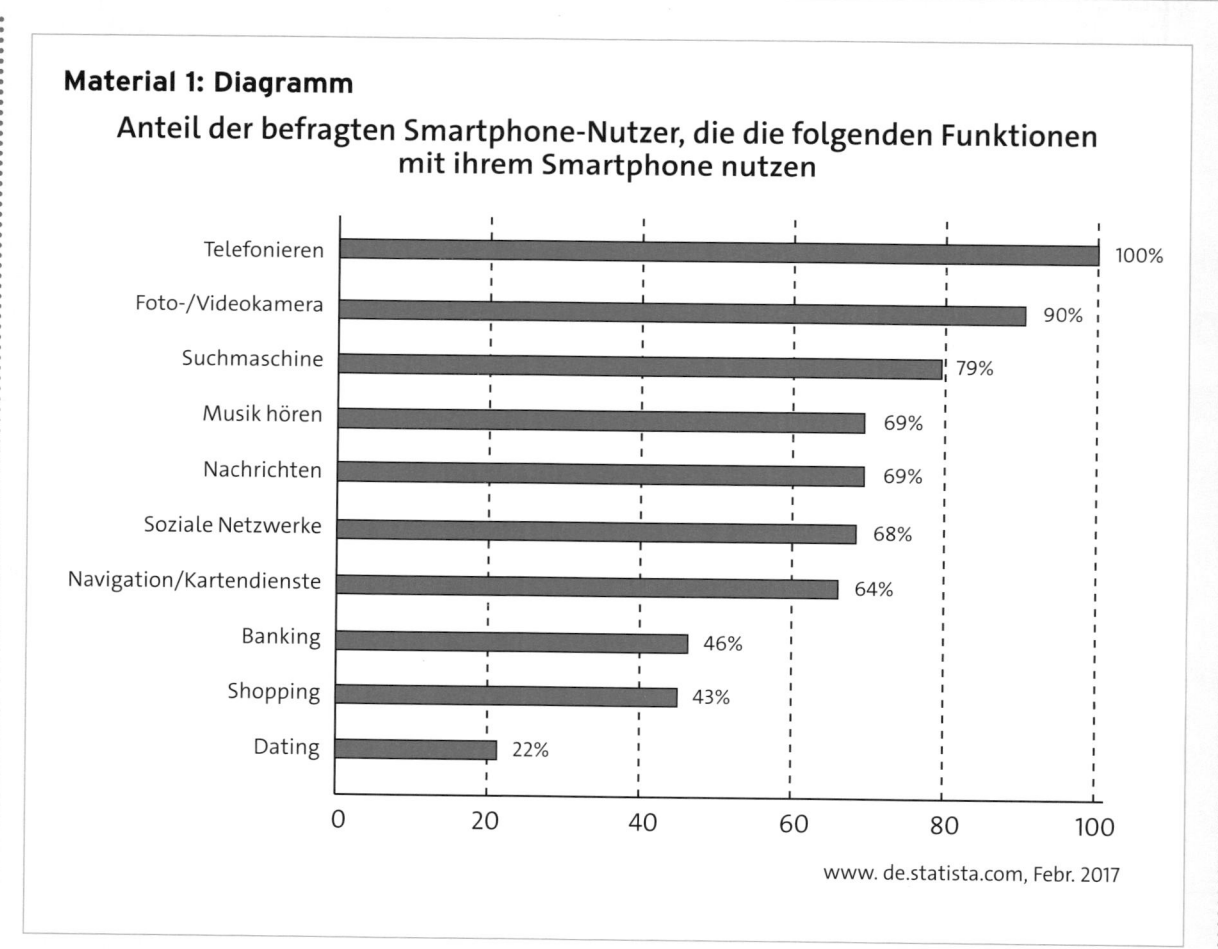

Material 1: Diagramm

Anteil der befragten Smartphone-Nutzer, die die folgenden Funktionen mit ihrem Smartphone nutzen

- Telefonieren: 100%
- Foto-/Videokamera: 90%
- Suchmaschine: 79%
- Musik hören: 69%
- Nachrichten: 69%
- Soziale Netzwerke: 68%
- Navigation/Kartendienste: 64%
- Banking: 46%
- Shopping: 43%
- Dating: 22%

www.de.statista.com, Febr. 2017

Material 2: Polizei-Information

Die Sicherheitsanforderungen an mobile Geräte haben sich verändert. Mit ihrer zunehmenden Verbreitung muss auch verstärkt auf die **Sicherheit der Daten**, die auf solchen Geräten gespeichert sind, geachtet werden. Hinzu kommt, dass darauf inzwischen nicht nur private Daten, sondern auch immer mehr geschäftliche Informationen abgelegt werden. Damit sind Smartphones und Tablets **denselben Risiken ausgesetzt wie stationäre und tragbare PCs**.
Gerade weil man mit Smartphones und Tablets kinderleicht im Internet surfen kann, bieten sie **Angriffspunkte für Schadsoftware** oder Phishing. Die Angriffsmöglichkeiten unterscheiden sich bei Smartphones und Tablet-PC und auch je nach verwendetem Betriebssystem. Die Arbeitsweisen der Täter verändern sich ebenso rasant wie die technische Entwicklung dieser Geräte.

www.polizei-beratung.de

Material 3: Interview mit einer Professorin (Medien- und Kommunikationswissenschaften)

[...] Wie sind Sie jetzt methodisch mit den Handys vorgegangen?
Wir haben Menschen an öffentlichen Schauplätzen dabei beobachtet, wie sie miteinander kommunizieren und wie das Smartphone in diese Kommunikation eingebunden war. In anderen Fällen haben wir Gespräche etwa von Freundesgruppen mit deren Einverständnis aufgezeichnet. Wir wollten wissen, wie sich alltägliche Unterhaltungen durch den Einsatz von Handys verändern. Und dabei haben wir eine interessante Entdeckung gemacht.

Nämlich?
Es wird gar nicht weniger gesprochen, sondern die Gespräche nehmen einen anderen Verlauf, weil jederzeit spontan auf Informationen aller Art und nicht zuletzt auf Bilder zurückgegriffen werden kann. Dadurch werden Gespräche schneller privat.

Ein Beispiel?
Sie sind gerade aus dem Urlaub zurückgekommen und erzählen einer Freundin, wie schön es dort war. Früher hätten Sie ihr bei sich zu Hause vielleicht ein Fotoalbum mit Schnappschüssen aus dem Urlaub gezeigt. Heute haben wir alle diese Fotoalben immer auf dem Smartphone dabei. Und so zückt fast jede oder jeder von uns ganz schnell das Handy und zeigt Fotos aus dem letzten Urlaub. Das Entscheidende ist aber, dass nicht nur gezeigt, sondern zugleich verbal kommentiert und verglichen wird. Und das bereichert die Gespräche. [...]

Einen Großteil unserer Kommunikation erledigen wir heute über E-Mails, WhatsApp oder Messenger-Dienste. Geht da nicht diese schriftliche Kommunikation zulasten der privaten Gespräche?
Nein, das sind unterschiedliche Kommunikationswege, die sich überhaupt nicht ausschließen müssen. Durch die Einbindung von Smartphones in Alltagsgesprächen können sie sogar auf eine neue Weise zusammenfinden.

Trotzdem hat sich das persönliche Gespräch durch die Smartphones verändert.
Ja, aber dies bedeutet noch lange keinen Verfall der Gesprächskultur! [...]

www.stuttgarter-zeitung.de

Material 4: Bericht

Unter 25-Jährige: Schuldenfalle Smartphone

Das Smartphone verschlingt viel Zeit – und Geld. Zwei Drittel der jungen Schuldner in Deutschland kommen durch Telefon- oder Internetrechnungen in die Miesen. Das Minus ist durchschnittlich doppelt so hoch wie ihr Nettoeinkommen.

Hamburg/Wiesbaden – Das Smartphone ist das wohl wichtigste Statussymbol junger Menschen in Deutschland. Viele von ihnen investieren ihre gesamten Ersparnisse ins Handy – und zu oft sogar noch mehr: Mit durchschnittlich jeweils rund 1 350 Euro haben sich im Jahr 2013 laut einer aktuellen Datenerhebung die darin erfassten unter 25-Jährigen bei Telekommunikationsanbietern verschuldet, teilte das Statistische Bundesamt mit. […]

www.spiegel.de

Material 5: Zitate

Kathrin Meininger (27): Für mich hat ein Smartphone eindeutig mehr Vor- als Nachteile. Ganz schnell kann man bei Familie und Freunden mal was nachfragen und erhält auch meist schnell eine Rückmeldung. Ich finde es toll, immer erreichbar zu sein und meine Mails checken zu können, wann und wo ich möchte. Wenn anderen Menschen das zu viel wird, kann ich das auch verstehen. […]

Fatime Wormsen (20): Ich finde, Smartphones haben mehr Nachteile. Du bist immer und überall erreichbar, du kannst geortet werden, und es wird alles gespeichert, was du machst. Wer ein Smartphone hat, hat es auch meistens an. Nicht erreichbar zu sein, geht ja fast gar nicht mehr. […]

Material 6: Karikatur

Karikatur von Oli Hilbring

Material 7: Online-Artikel

Amnesty International: Smartphones aus Kinderarbeit

Was haben Kinder in kongolesischen Kobalt-Minen mit unseren Smartphones zu tun? Laut Amnesty schuften dort schon Siebenjährige für die Batterien bekannter Hersteller.

In kleinen Kobaltminen im Süden des Kongos fördern Tausende Minderjährige das Mineral, das in Lithium-Ionen-Batterien von Laptops und Smartphones bekannter Hersteller zum Einsatz kommt. Nach einem aktuellen Bericht der Menschenrechtsorganisation Amnesty International [...] sind manche von ihnen nur sieben Jahre alt, arbeiten unter prekären Bedingungen und ohne Sicherheitsausrüstung. Viele zögen sich für einen Lohn von ein bis zwei US-Dollar pro Tag unter anderem dauerhafte Lungenschäden zu.
Mehr als die Hälfte des weltweit geförderten Kobalts stammt demnach aus dem Kongo [...].
„Millionen Menschen profitieren von den neuen Technologien, aber sie fragen nicht, wie sie produziert werden", sagte Amnesty-Experte Mark Dummett. „Die glamourösen Läden und das Marketing der neuesten Technologien stehen in starkem Kontrast zu Kindern, die Säcke mit Steinen schleppen, zu Minenarbeitern in mit der Hand geschlagenen Schächten und zu dauerhaften Lungenschäden", sagte er. Das UN-Kinderhilfswerk schätzte 2014, dass in den Minen im Süden des Kongos rund 40.000 Minderjährige beschäftigt sind. [...]

www.zeit.de

Material 8: Polizei-Information

Heutzutage ist das Handy eine multimediale Kommunikationsplattform und gerade bei Kindern und Jugendlichen **unverzichtbarer Bestandteil des Alltags**.
In ihrer Lebenswelt hängt vom Besitz eines „coolen" Handys oftmals auch die **Gruppenzugehörigkeit**, In-Sein und soziale Anerkennung durch die Peergroup ab. Als festes Element der heutigen Jugendkultur dient es zur Koordination des Tagesablaufs, zur Selbstinszenierung und als permanente Verbindung zum Freundeskreis. Diese Handy-Kultur bringt oftmals aber **auch Gefahren** wie „Happy Slapping" [...] (dabei filmen Kinder, wie andere sich prügeln) mit sich bis hin zur Sorge um die Kostenfalle. [...]

www.polizei-beratung.de

Material 9: Gesetzestext

„Im Schulgebäude und auf dem Schulgelände sind Mobilfunktelefone und sonstige digitale Speichermedien, die nicht zu Unterrichtszwecken verwendet werden, auszuschalten. Die unterrichtende oder die außerhalb des Unterrichts Aufsicht führende Lehrkraft kann Ausnahmen gestatten. Bei Zuwiderhandlung kann ein Mobilfunktelefon oder ein sonstiges digitales Speichermedium vorübergehend einbehalten werden."
(Art. 56 Abs. 5 BayEUG[1])

[1] Bayerisches Gesetz über das Erziehungs- und Unterrichtswesen

Aufgabengruppe B: Textgebundener Aufsatz

Selbstbewusstsein aus dem Tiegel – Studie: Jugendliche wollen vor allem so aussehen wie die anderen, um sich sicher zu fühlen

(1) *„Jugend ungeschminkt" als Titel einer Studie, die im Auftrag der Kosmetikindustrie den Zusammenhang von Selbstwert und Körperpflege beleuchtet, ist das nicht gewagt?*

„Ungeschminkt" hat eine doppelte Bedeutung und nimmt auf unsere tiefenpsychologische Methode[1] Bezug. In Einzelgesprächen und Gruppendiskussionen sind unsere Psychologen so nah an die teilnehmenden Jugendlichen herangekommen, dass sie sich öffneten und über Themen sprachen, zu denen sie sich sonst gar nicht oder nur schwerlich äußern – wie sie die Pubertät erleben etwa, die damit verbundenen Gefühlsschwankungen, die aufkeimende Sexualität.

(2) *Darüber lieber zu schweigen ist ein typisches Phänomen der Pubertät, würde man meinen.*

Auffällig war, dass ein Gros[2] der Teilnehmer sehr emotional, offen und versiert[3] über die x-te Trennung eines Elternteils oder ständig wechselnde Stiefgeschwister sprach – doch das, was mit ihnen selbst passiert, in ihnen brodelt[4], darüber konnten sie erst einmal nicht reden. Kurz: Sie sprechen lieber über ihre zerrütteten Familienverhältnisse als darüber, dass sie neuerdings so schlimm schwitzen und komische Träume haben. Sie scheinen sich zu diesem Thema wesentlich weniger auszutauschen als Generationen zuvor – was doch sehr überrascht im Fall einer vermeintlich überaufgeklärten Jugend, die permanent und überall, vor allem im Netz, mit dem Thema konfrontiert wird.

(3) *Es gibt so viele Jugendstudien. Wozu braucht es noch eine?*

Viele Studien beschäftigen sich mit den Vorlieben und Gewohnheiten. Unser Forschungsschwerpunkt lag nicht auf der Frage, welche Werte Jugendliche haben, sondern warum. Wie entwickeln sie diese – in einer turbulenten[5] Phase, die geprägt ist von dreifachem

Kontrollverlust: körperlich – wenn die Hormone sie überwältigen; familiär – wenn Patchwork[6]-Verhältnisse zur Normalität werden, alles möglich, nichts mehr sicher ist; gesellschaftlich – wenn sie in einer von Krisen dominierten Welt aufwachsen. Wie entwickeln sie trotz aller Brüche Selbstbewusstsein und Selbstsicherheit?

(4) *Jetzt sagen Sie bitte nicht: mithilfe von Make-up und Kajal[7]!*

Tatsächlich geben 77 Prozent der Jugendlichen an, dass sie vor allem Sicherheit und Stabilität in ihrem Leben suchen, 85 Prozent sagen: „Körper- und Schönheitspflege helfen mir dabei." Mehr als 80 Prozent legen Wert auf ein gepflegtes Äußeres – vor zehn Jahren waren das in der Altersgruppe der 14- bis 21-Jährigen noch 40 Prozent. Sicher spielen auch andere Faktoren eine Rolle, aber Kosmetik scheint ein wichtiges Hilfsmittel zu sein, eine Krücke, um Kontrolle über das Leben zurückzugewinnen, Sicherheit zu erhalten.

(5) *Soweit ich mich erinnere, habe ich mich in besagter Phase geschminkt, um meine Eltern zu schocken, wahlweise auch um reifer zu wirken.*

---

1 tiefenpsychologische Methode: eine Methode, die die unbewussten seelischen Vorgänge untersucht
2 das Gros: die Mehrheit
3 versiert: kenntnisreich
4 brodelt: sich zusammenbraut, rumort
5 turbulent: stürmisch, hektisch, chaotisch
6 das Patchwork (engl.): „Flickwerk", Bezeichnung für eine Familie, die neu zusammengesetzt ist
7 das Kajal: kosmetisches Mittel, das als Lidstrich aufgetragen wird

Heute geht es darum, nicht aus der Masse zu fallen – 64 Prozent der Befragten gaben an, Kosmetik zu verwenden, um nicht negativ aufzufallen – dazuzugehören und „nett" zu wirken. Bitte keine Gefühlsschwankungen oder andere Ausschläge, das würde Kontrollverlust bedeuten. In diesem Zusammenhang auch spannend: 60 Prozent meinen, dass man am Aussehen ablesen kann, um welchen Menschen es sich handelt.

(6) Das klingt, vorsichtig gesagt, erschreckend oberflächlich – und auch ein bisschen narzisstisch[8].

Ich möchte das gar nicht werten. Provokant[9] gesagt, ist es doch besser, Jugendliche finden im Äußeren inneren Halt als in Drogen.

(7) Zurück zur Funktion des Schminkens – um damit beim anderen Geschlecht Eindruck zu schinden, spielt keine Rolle mehr?

Teenager schminken sich nicht, um erotisch zu wirken, sondern für sich selbst – das beweist ein weiteres Ergebnis: Freundschaft ist 52 Prozent wichtiger als eine Liebesbeziehung, denn die kann in die Brüche gehen. Eher lässt man sich den Namen der Stiefschwester oder der Heimatstadt auf den Arm tätowieren als den des Geliebten.

(8) Wer entscheidet denn, was gutes Aussehen ist – und was nicht?

Die sozialen Medien! In Tutorials, also Anleitungsvideos, lernt die Jugend, wie sie sich perfekt schminkt, das heißt: so wie die Promis. Es geht dabei aber nicht mehr ums Anhimmeln oder eine Vorbildfunktion, sondern darum, sich rein technisch abzuschauen, wie man vermeintlich perfekt aussieht, nämlich so wie die anderen.

Das Gespräch führte Caroline Kron mit der Diplompsychologin Ines Imdahl (Leiterin der „Jugend-ungeschminkt"-Studie und Geschäftsführerin von „Rheingold Salon" in Köln).

---

8 narzisstisch: übertrieben selbstverliebt
9 provokant: herausfordernd, zugespitzt

„Jugend ungeschminkt"

Die Studie zum Selbstbild und Selbstwert von Jugendlichen vom Kölner Marktforschungsinstitut „Rheingold Salon" wurde vom Industrieverband Körperpflege- und Waschmittel e.V. (IKW) in Auftrag gegeben.

Methode: Für einen Teil der Studie wurden 38 Jugendliche zwischen 14 und 21 Jahren in Gruppen- und Einzelgesprächen tiefenpsychologisch interviewt. Anschließend nahmen 1012 Gleichaltrige an einer repräsentativen, produktunabhängigen Online-Umfrage teil.

Wichtigste Ergebnisse: Jugendliche investieren mehr in ihr Aussehen als früher. 73 Prozent sagen: „Körper-, Schönheitspflege ist sehr wichtig in meinem Leben"; 85 Prozent nutzen Kosmetik- und Pflegeprodukte, um sich sicherer zu fühlen und ihren Selbstwert zu schützen; Jungen helfen dabei vor allem Haarstyling-Produkte (45 %), Mädchen Mascara (67 %).

Aufgabenstellung

Lesen Sie den Text „Selbstbewusstsein aus dem Tiegel" sorgfältig durch und bearbeiten Sie dann die folgenden Aufgaben. Bei Nummer 5 können Sie a oder b wählen.

1. Fassen Sie den Inhalt des Textes so zusammen, dass der Aufbau erkennbar wird.
2. Um welche Textsorte handelt es sich? Begründen Sie Ihre Entscheidung.
3. Beschreiben Sie auffällige sprachliche Mittel und deren Wirkung.
4. Welche Absichten verfolgt die Autorin Ihrer Meinung nach mit diesem Text?
5. a) Stellen Sie in einem Leserbrief Ihre Meinung zu diesem Thema dar.
   oder
   b) Verfassen Sie einen Werbetext zu einem neuen Kosmetikprodukt für Jugendliche, das „echte Wunder" vollbringen kann.

Textquelle: www.rheingold-salon.de [abgerufen: 26.10.2016]

Prüfungsbeispiel: Erörterung ohne Material und Textgebundener Aufsatz (Literarischer Text)

Wählen Sie aus den folgenden beiden Aufgaben eine aus und bearbeiten Sie diese vollständig auf einem extra Blatt.

Aufgabengruppe A: Erörterung ohne Informationsmaterial

Während ihrer Schulzeit müssen Schüler/-innen immer wieder alleine oder in Gruppen Referate und Präsentationen erstellen und vorstellen. Was können sie daraus für sich und ihr späteres Leben lernen? Warum sind diese Präsentationen nicht bei allen Schülern beliebt?

Aufgabengruppe B: Textgebundener Aufsatz

Die Mitte der Welt *Andreas Steinhöfel (Romanauszug)*

Zusammen mit seiner Zwillingsschwester Dianne und seiner flippigen Mutter Glass wohnt Phil in einer alten Villa am Rande der Stadt Visible. Tereza, eine Rechtsanwältin und Freundin seiner Mutter, stellt für die Zwillinge eine Freundin, Ratgeberin und zweite Mutter dar.

Im Sommer vor meiner Einschulung beschloss Glass, dass etwas mit meinen Ohren geschehen müsse.

„Sie sind zu groß, Phil", erklärte sie. „Und sie stehen ab. Du siehst aus wie Dumbo." [...]

Dass ihr meine Ohren nicht gefielen, erfüllte mich mit Unbehagen. [...]

„Wer ist Dumbo?", fragte ich vorsichtig.

„Ein Elefant, [...] seine Ohren schleiften über den Boden, beim Laufen ist er ständig darüber gestolpert. Sie waren einfach *zu groß*." [...]

„Was haben sie mit Dumbo gemacht?"

„Sie stellten ihn im Zirkus auf einen zwanzig Meter hohen Turm. [...] Er musste in ein Becken voller Grießbrei springen. Und alle haben gelacht."

Anfangs flößte Oberschwester Marthe mir höllischen Respekt ein. Wann immer ich sie mit kampfbereit gesenktem Haupt durch die Flure des Krankenhauses eilen sah, stellte ich mir vor, wie sie vor langer Zeit zu einem Eroberungsfeldzug angetreten war, der mit der erfolgreichen Einnahme von Station 303 geendet hatte. Erst später bemerkte ich, dass unter dem Panzer ihrer stets frisch gestärkten Blusen ein butterweiches Herz schlug.

„HNO", schnaubte sie auf meine erste an sie gerichtete Frage, und ich sah ein an einer feinen

silbernen Halskette befestigtes Kreuz aufblitzen, „heißt Halsnasenohren!"

Unabhängig von deren Alter bezeichnete sie ihre Patienten als Kinderchen, und wer, wie ich, an den Ohren behandelt wurde, gehörte zum enger gefassten Kreis der Löffelchen. Sie weigerte sich standhaft, von der weichen Aussprache meines Vornamens Gebrauch zu machen, und nannte mich Pill.

Pill, mein Löffelchen.

Bei allem Respekt, den sie mir abverlangte, fühlte ich doch instinktiv, dass Oberschwester Marthe in der kalten, von fremdartigen Gerüchen erfüllten Welt des Krankenhauses ein Hafen der Sicherheit war. Um in diesem Hafen anzulegen, musste ich, wie alle anderen Löffelchen auch, nicht mehr tun, als meine großen Ohren als Segel zu benutzen, vorzugsweise dann, wenn Oberschwester Marthe sich unbeobachtet durch anderes Personal wusste. Dann ließ sie ihren Mutterinstinkten freien Lauf, sprach weich und zärtlich, und wenn man Glück hatte, wurde man an ihren dicken Busen gedrückt und hinter den wahlweise abstehenden oder bereits malträtierten Ohren gekrault.

Der Arzt, der dafür sorgen sollte, dass mich wegen dieser Ohren niemand jemals auslachen würde, hieß Dr. Eisbert.

Dr. Eisberts Stimme war dunkel und vertrauenerweckend. Er hatte tiefe, scharf eingegrabene Falten, die sich von seinen Nasenflügeln bis hinunter zu den Mundwinkeln zogen und die ich mit einigem Misstrauen beäugte. Solche Falten, beschloss ich später, bekam man vom Lügen. Dr. Eisbert erläuterte mir den Verlauf der Operation. Hinter jedem meiner Ohren würde ein winziger Schnitt gemacht werden, um Knorpelmasse entnehmen zu können.

„Sie schneiden mir die Ohren nicht ab, oder?"

„Nein. Nur ein kleiner Schnitt", versicherte er mit seiner Brummbärstimme. „Anschließend nähen wir alles wieder zusammen, und du bekommst einen hübschen kleinen Turban. Du wirst aussehen wie ein orientalischer Prinz."

„Tut es weh?"

Dr. Eisbert schüttelte den Kopf. Ich ließ mich zufrieden zurück in die Kissen sinken.

Ein orientalischer Prinz genoss königliche Immunität. Niemand da draußen würde auf die Idee kommen, ihn aus zwanzig Meter Höhe in ein Becken voller Grießbrei springen zu lassen.

Tief in meinem Inneren blieb ich dennoch unruhig. Halsnasenohren war keine Station unseres kleinen städtischen Krankenhauses, sondern die einer Spezialklinik. Visible lag mehr als zwei Autostunden entfernt, entsprechend selten waren Besuche von Glass und Dianne oder Tereza. Vor allem Glass, die Krankenhäuser für die Brutstätten exotischer Bakterien und überhaupt für Orte der Grausamkeit und des Todes hielt, um die man nach Möglichkeit einen weiten Bogen schlug, hatte keinen Zweifel daran gelassen, dass mit ihr kaum zu rechnen war. Sie trug die Hauptverantwortung für meine jämmerliche Lage und konnte mir sowieso gestohlen bleiben. [...] Tereza war die Einzige, nach deren Trost ich mich sehnte, aber die hatte alle Hände voll mit ihrer neuen Anwaltskanzlei zu tun. Ich fühlte mich alleingelassen und einsam. Eingeschüchtert von den neonfahlen Korridoren des Krankenhauses, von denen ich befürchtete, sie würden mich verschlingen, wenn ich hinausging, wagte ich kaum, mein Zimmer zu verlassen. Die meiste Zeit verbrachte ich damit, unzählige Malbücher geduldig mit Buntstiften auszumalen.

Am Vorabend der Operation ertönten aus dem Nachbarzimmer mörderische Schreie und die dröhnende Stimme Oberschwester Marthes. Es war unschwer zu erraten, dass sie in ein Gefecht mit einem der Löffelchen geraten war.

„Lass mich!", brüllte eine Kinderstimme. „Lass mich!"

„Wirst du wohl –"

„Nein!"

Metallisches Scheppern erklang, gefolgt vom Klirren zerspringenden Geschirrs. Ich huschte aus dem Bett und öffnete die Tür. Ein kleines, weißes Etwas hastete an mir vorbei durch den Flur. Um seine Stirn flatterten aufgelöste Bandagen, darunter blitzten zwei ebenso zornige wie entschlossene grüne Augen. Oberschwester Marthe stürmte hinterher. In ihrer rechten Hand schwang sie drohend eine Spritze.

„Bleib sofort – Pill, Tür zu und ins Bett, ins Bett! – bleib sofort stehen, du ..."

Die wilde Jagd schoss erneut an mir vorüber, diesmal in entgegengesetzter Richtung. Der Abstand zwischen dem panisch quietschenden Löffelchen und seiner Verfolgerin war deutlich geschrumpft. Beide verschwanden aus meinem Blickfeld, dann belegte ein letzter spitzer Schrei des Flüchtlings, dass der ungleiche Kampf zugunsten der Spritze entschieden war.

Keine guten Aussichten.

Stunden später, die Station war längst zur Ruhe gekommen, weckte mich das vorsichtige Tapsen nackter Füße aus unruhigem Schlaf. Das Löffelchen mit den grünen Augen, von einem bis zu den Knien reichenden Nachthemd umwallt, den Kopf eingewickelt in geisterhaft leuchtende Bandagen, huschte durch die offen stehende Tür. Vor meinem Bett blieb es stehen und bohrte sich in der Nase.

„Meinem Papa gehört eine Schule", sagte es.

Dem hatte ich nichts Vergleichbares entgegenzusetzen. Ich kannte meinen Vater nicht, ich kannte nicht einmal seinen Namen. Ich wusste nur, dass er in Amerika lebte. Amerika war das magische Wort, das ich vor dem Einschlafen vor mir herzusagen pflegte wie ein Gebet, immer und immer wieder.

Das Mädchen, scheinbar wild entschlossen, sich mit mir zu unterhalten, ließ sich von meiner ausbleibenden Antwort nicht entmutigen. „Wirst du auch an den Ohren operiert?"

Das war sicherer Boden. Ich nickte. „Meine Mutter hat gesagt, ich würde aussehen wie Dumbo, der Elefant. Er musste von einem Turm runter in Grießbrei springen. Alle haben ihn ausgelacht."

„Aber später konnte er fliegen mit seinen großen Ohren, und er war berühmt und ein Star."

„Wer?"

„Dumbo. Darf ich in dein Bett?"

Ich schlug die Decke zurück und rutschte zur Seite. Das Mädchen, das Dumbo kannte und dessen Vater eine Schule gehörte, krabbelte zu mir und kuschelte sich an mich. Ihr Verband drückte gegen mein Gesicht, er roch nach Salbe und Desinfektionsmitteln. Über dem linken Ohr war er leicht erhoben. Die Stelle war dunkel von verkrustetem Blut.

„Tut es weh?", fragte ich voller Mitgefühl.

„Arschweh."

Glass, die kräftigen Flüchen selbst nicht abgeneigt war, hätte mich für die Benutzung dieses Schimpfwortes mit zweiwöchigem Erdnussbutter-Entzug bestraft. Plötzlich stieg Wut in mir auf. Meine eigene Mutter hatte mich ... nun, angelogen mochte nicht die richtige Bezeichnung sein, aber sie hatte einen Teil der Wahrheit verschwiegen. Den wichtigsten Teil. Was mich anging, so liefen Lügen und Verschweigen auf dasselbe hinaus. Ich würde niemals fliegen können wie Dumbo. Ich würde nie berühmt und ein Star werden. Dass Dr. Eisbert mit seiner tiefen Stimme gelogen hatte, stand zweifelsfrei fest. Ich hasste ihn. Der orientalische Prinz würde einen blutbefleckten Turban tragen. Die Operation würde wehtun.

„Arschweh", wiederholte ich erschauernd. Ich berührte das Mädchen bei der Schulter. „Wie heißt du?"

„Katja. Und du?"

„Phil."

„Wenn ich will, kriege ich hier jeden Tag Eiskrem. Am liebsten habe ich Kirsch."

„Ich Vanille." [...]

Ich legte einen Arm um sie, um sie zu schützen. [...]

„Amerika", flüsterte ich mit geschlossenen Augen.

Die Welt war zu einem gefährlichen Ort geworden. In ihrem Zentrum warteten, wie Spinnen im Netz, gewissenlose Ärzte, die ihre Skalpelle kaltblütig an kleinen Kindern schärften. Mit Spritzen bewaffnete Krankenschwestern hetzten wehrlose Löffelchen durch die neongrünen, labyrinthischen Eingeweide gigantischer Krankenhäuser. Auf Mütter konnte man sich, was Hilfe anging, nicht verlassen. Sie waren Verräter am Ruhm, am Vertrauen und am eigenen Kind. In Zukunft würde ich mich vorsehen müssen.

Die Zukunft ist nie weiter als der nächste Augenblick entfernt. Als ich ein tiefes, beunruhigtes Grunzen hörte und die Augen öffnete, stand Oberschwester Marthe wie ein Racheengel vor meinem Bett. „Immer auf der Flucht! Ihr Löffelchen seid doch alle gleich." Ich sah, wie die gestärkte Bluse energisch glatt gestrichen wurde. „Der Herrgott sieht es nicht gern, wenn Jungen und Mädchen sich ein Bett teilen."

Der Herrgott, dachte ich, musste wahrscheinlich auch keine Angst vor einer Operation haben, bei der ihm Knorpelmasse hinter den Ohren entfernt werden sollte. Der Herrgott, entschied ich bitter, war letzten Endes überhaupt dafür verantwortlich, dass ich mit zwei von ihm fehlfabrizierten[1] Löffelchen in Halsnasenohren gelandet war. [...]

Oberschwester Marthe hatte bereits die Decke zurückgezogen und Katja behutsam aus meinem Bett gehoben, als ihr Blick auf mich fiel und sie stockte. [...]

Der Herrgott konnte mir gestohlen bleiben. Trotzig zog ich die Decke unter mein Kinn und wappnete mich innerlich gegen das zu erwartende Donnerwetter.

Es blieb aus. Vielleicht war es die Nacht und die Stille, oder es war die warme Haut des in ihren Armen liegenden Löffelchens, die Oberschwester Marthe erweichte. Mit einem Kopfschütteln verließ sie das Zimmer.

Katjas Körper verschwand fast gänzlich in den starken Armen, doch trotz ihres zarten Rückens, trotz des zur Seite gerollten Kopfes mit den mitleiderregenden blutigen Flecken auf dem Verband sah sie nicht zerbrechlich aus. Ich überlegte, ob ich meine Angst vor dem Krankenhaus verlieren würde, wenn ich genügend Kirscheis äß.

---

1 fehlfabrizierten: mit Fehlern erschaffen

Aufgabengruppe A: Erörterung ohne Informationsmaterial

Aufgabenstellung

Lesen Sie den Auszug aus dem Roman „Die Mitte der Welt" sorgfältig durch und bearbeiten Sie dann die folgenden Aufgaben. Bei Nummer 5 können Sie a) oder b) wählen.

1. Fassen Sie den Inhalt des Textes zusammen.
2. Charakterisieren Sie die Hauptperson des Romanauszuges.
3. An welchen Stellen des Textes ist zu erkennen, dass der Roman in einem englischsprachigen Land, aber nicht in den USA spielt?
4. Beschreiben Sie die sprachlichen Auffälligkeiten des Textes und gehen Sie auf deren Wirkung ein.
5. a) Warum sind Bezugspersonen für ein Kind in einer Ausnahmesituation, wie es z.B. ein Krankenhausaufenthalt ist, besonders wichtig?

   oder

   b) Nachdem Oberschwester Marthe das Mädchen Katja in ihr Bett gebracht hat, geht sie ins Schwesternzimmer zurück und denkt über die erlebte Situation nach. Verfassen Sie hierzu einen inneren Monolog.

   Beginnen Sie so: Meine Arbeit ist wirklich keine „normale" Arbeit ...

Information zum Autor:
Andreas Steinhöfel (geboren 1962) ist ein deutscher Schriftsteller. Er schreibt Kinder- und Jugendbücher, Drehbücher und ist als Übersetzer tätig. Er wollte kurzzeitig Lehrer werden, veröffentlichte aber gleich nach seinem Studium sein erstes Jugendbuch. Er erhielt für sein Buch Rico, Oskar und die Tieferschatten 2009 den Deutschen Jugendliteraturpreis in der Kategorie Kinderbuch. Die gleichnamige Verfilmung kam 2014 ins Kino.

Textquelle: Andreas Steinhöfel: Die Mitte der Welt. Hamburg: Carlsen 1998/2004.

Prüfungsbeispiel: Erörterung ohne Material und Textgebundener Aufsatz (Sachtext)

Wählen Sie aus den folgenden beiden Aufgaben eine aus und bearbeiten Sie diese vollständig auf einem extra Blatt.

Aufgabengruppe A: Erörterung ohne Informationsmaterial

Immer weniger Jugendliche engagieren sich ehrenamtlich. Welche Ursachen könnten dem zugrunde liegen? Welche positiven Auswirkungen für das eigene Leben könnte ein Ehrenamt mit sich bringen?

Aufgabengruppe B: Textgebundener Aufsatz (Sachtext)

Der sagenhafte, aber gefährliche Aufstieg der Smartphones *Jürgen Marks*

Apple hat sein neues iPhone vorgestellt. Die modernen Handys sind Alleskönner und Teufelszeug. Das Problem liegt in unserer Maßlosigkeit.

Der amerikanische Kultkonzern Apple hat am Dienstagabend sein neuestes Smartphone vorgestellt. Für manche Kritiker ist es schon eine Zumutung, dass so eine Banalität hier an dieser Stelle erwähnt wird. Andere verharren seit Wochen in Vorfreude auf das neue iPhone Sie diskutieren mögliche Funktionen, Designs oder Bildschirmgrößen.

Fakt ist: Nie zuvor in der Menschheitsgeschichte hat ein technisches Gerät, das weniger als 200 Gramm wiegt, unserem Leben so viele neue Möglichkeiten geschenkt. Und das erklärt ein wenig den Hype um das neue Modell aus Cupertino.

Ein Smartphone ist Alleskönner für alle Generationen. Man muss sich nur vor Augen führen, welche Dinge des alltäglichen Gebrauchs es mit seinen Apps inzwischen ersetzt: Landkarten, Kameras, Radio, Fernsehen, CD-Spieler, Diktiergerät, Kompass, Bankschalter, Spielekonsole, Bücherregal, Taschenrechner, Lexikon, Reisebüro, Kochbuch, Telefon und mehr.

Kein Wunder, dass schon 75 Prozent der Deutschen so ein Wunderding in der Tasche haben. Und damit beginnen die Probleme. Denn das Smartphone kann auch Teufelszeug sein. Falsche Nutzung führt zu gefährlichen Nebenwirkungen. Dabei sind oft verbreitete Einschätzungen wie „Smartphones verändern die Gesellschaft" ziemlicher Humbug. Denn nicht die Geräte verändern uns. Wir wollen uns verändern und deshalb kaufen wir diesen digitalen Alltagshelfer.

Doch wie bei allem, was Spaß macht, verbirgt sich die Gefahr in der Maßlosigkeit. Es ist tatsächlich eine Erleichterung, sich mit so einem modernen Handy durch das Leben zu navigieren. Doch wer den Kopf nicht mehr hochnimmt, dem entgeht die Realität.

Wer 1000 „Freunde" auf Facebook hat, kann dennoch ziemlich einsam in seiner Wohnung sitzen. Wer ständig mit seinen Kontakten über WhatsApp chattet, der merkt vielleicht gar nicht mehr, wie bereichernd das intensive Gespräch mit Freunden sein kann, denen man tatsächlich in die Augen schaut. Wer ständig zur Ablenkung auf den Bildschirm schaut, dem entgeht vielleicht das Gefühl, seine Gedanken schweifen zu lassen. Im Extremfall kann er sogar das selbstständige Denken verlernen.

Die Gefahr im Umgang mit dem Smartphone liegt darin, dass viele das Ding so wenig beherrschen wie der Fahranfänger den Ferrari. Daher ist es an der Zeit, ernsthaft so etwas Altmodisches wie ein Schulfach zu erwägen: „Smartphone-Nutzung". Denn es ist ein Fehler, Kindern so ein mächtiges Gerät in die Hand zu geben, ohne sie im Umgang damit zu schulen.

Und die technische Entwicklung steht ja erst am Anfang. Ein Smartphone hat heute zwar stärkere Prozessoren, als der Nasa bei den Apollo-Mondlandungen zur Verfügung standen. Doch in wenigen Jahren werden die Geräte noch zehnmal schneller sein und zehnmal mehr Ablenkungen bieten.

Allein der neue Netzwerk-Standard 5G, der LTE[1] spätestens ab 2020 ersetzt, befeuert neue, gigantische Möglichkeiten mit bislang nicht gekannten Übertragungsgeschwindigkeiten. Datenbrillen und Ausflüge in virtuelle künstliche Welten gehören bald zum Alltag. Viele Eltern werden damit überfordert sein – und erst recht Kinder.

Natürlich gibt es auch gegenläufige Trends. Smartphone-Verweigerung und analoge Entschleunigung gelten in manchen Kreisen als schick. Doch bei aller Sympathie für die Querdenker: Das Smartphone-Rad ist nicht zurückzudrehen. Wir müssen lernen, die neue Technologie klug zu beherrschen Am besten schon in der Schule. Denn stoppen werden wir die Lust auf iPhone & Co nicht.

---

[1] LTE: 3,9 G, Mobilfunkstandard der 3. Generation

Aufgabenstellung

Lesen Sie den Text „Der sagenhafte, aber gefährliche Aufstieg der Smartphones" sorgfältig durch und bearbeiten Sie dann die folgenden Aufgaben. Bei Nummer 5 können Sie a) oder b) wählen.

1. Fassen Sie den Inhalt des Textes so zusammen, dass der Aufbau erkennbar wird.
2. Bestimmen Sie die Textsorte anhand geeigneter Merkmale. Nennen Sie die entsprechenden Textstellen.
3. Gehen Sie auf die wesentlichen sprachlichen Gestaltungsmittel ein.
4. Stellen Sie die mögliche Intention des Autors dar.
5. a) Erörtern Sie gesundheitsgefährdende Aspekte der Smartphonenutzung.
   oder
   b) Verfassen Sie eine Erzählung zum Thema „Ein Tag ohne Smartphone".

Textquelle: Augsburger Allgemeine, 13.09.2017